I0703655

-Prólogo:

-Título libro: Teorías homosexuales masculinas.

-Resumen del libro: Teorías mías de algunos hombres que fingen ser heterosexuales pero son bisexuales o gays.

-Todas las circunstancias de hombres que fingen ser heterosexuales pero son bisexuales o gays que se describen en los textos son reales, comprobadas y verificadas no hay nada ficticio inventado.

-Fecha aproximada de inicio de escribir el Libro: 01-04-23.

-Libro terminado: 13-08-24

-Nota: todos los textos son originales escritos por mi, ningún texto ha sido copiado de ninguna parte de internet ni de ningún libro.

****

-Índice:

****

-Capítulo 1:
-Teorías mías de algunos hombres que fingen ser heterosexuales pero son bisexuales o gays.

-Algunos hombres que fingen ser heterosexuales pero son bisexuales o gays y llevan algún pendiente en la oreja algunos de esos hombres son de los que mejor sobrellevan la cuestión de estar buscando una experiencia homosexual con otro hombre y que son los que menos llaman la atención y son los más discretos lo que hacen es que se ponen un pendiente en el lóbulo de una oreja tipo diamante sin estructura metálica de capsula, solo el cristal muy pequeño y muy brillante para dar a entender que la cuestión es por algo de tema homosexual y cómo que la cosa no va con ellos y a la vez le hechan la culpa a los demás de su dilema por qué son los que ven su pendiente. Hay otros que en verano se ponen un pantalón corto que parece 3 prendas a la vez en una, de tela de algodón con estampados de color azul oscuro o de colores pastel de muchos cuadrados pequeños repetidos o muchas figuras geométricas pequeñas repetidas o muchas rayas onduladas verticales u horizontales, el pantalón hace confusión que no se sabe exactamente qué tipo de prenda es, que parece un bañador, unos calzoncillos de boxer anchos o un pantalón corto de calle de tela fino ancho (no es sólo por qué lleven el pantalón en si mismo, también es por la forma del estilo en que llevan el pantalón). Si no hay talento no se puede hacer nada, de donde no hay no se puede sacar. Ellos mismos tienen un sistema de funcionamiento de truco para que en teoría nada les afecte por qué se creen especiales y superiores a todo el mundo. Funcionan intentando ser responsables de nada y ellos solo se hacen cargo de las cosas por obligación, defecto y eliminacion, haciendo las cosas al revés a lo máximo posible.
-Cuando tienen una edad avanzada y se dan cuenta que lo han desperdiciado todo por nada y sin una solucion

posible ya están encerrados en su propio lío psicológico y por lo menos están contenidos (los síntomas son los mismos entre los que hacen las cosas de esa misma manera) en su forma de ser y aceptan su condición y no hacen nada en contra de nadie para desahogarse sabiendo que lo tienen todo perdido. Como se cren superiores a los demas puede ser que no tomen la decisión de hacer nada en contra de nadie por efecto secundario de los miedos que llevan acumulados por haberse creído superiores desde siempre, para no acumular más miedos.

-Como excepcion a los que se quedan encerrados en su propio lío psicológico (que son la mayoria) y se les nota poco, estan los que se quedan en una parte intermedia entre su propio lío psicológico y la seguridad que tienen de creersen ellos mismos que siempre lo han hecho todo bien y les ha salido todo bien y sucumben a si mismos y se quedan como si fueran zombis, desorientados, pálidos, secos, consumidos, con miedo, con pánico, estos psicológicamente no tienen tanta angustia como los que solo se quedan encerrados en su propio lío psicológico pero estéticamente se les nota más que algo va mal también son menos peligrosos para los de alrededor en el caso de que perdieran el control y dejaran de estar contenidos con ellos mismos. En cualquiera de esos dos estados es casi imposible que haya vuelta a tras y lo más seguro que terminen sus días así.

-Algunos hombres que fingen ser heterosexuales pero son bisexuales o gays
montan una empresa y con el paso del tiempo se convierten en enfermos graves psicológicos con dinero ganado en su empresa (dinero ganado para nada por qué enferman ellos mismos con su propia empresa y con el dinero no se compra la salud) y dependientes de sus mujeres o sus novias para casi todo (menos para las necesidades básicas biológicas como andar, comer,

hablar, leer, etc…) pierden la intuición, necesitan a sus novias para que los guíen en las cosas en general para que ellos puedan comportarse como personas aparentemente normales en publico y poder pasar inadvertidos de su grave enfermedad de dependencia, son más dependientes que un niño, por qué si no terminarían aislados y desorientados y más enfermos de lo que están y perderían su empresa y el esfuerzo que han dedicado a ella (esfuerzo entre comillas por qué son sus mujeres las que están detrás de todo cuidandolos) y sus mujeres que son las que cuidan de ellos perderían el dinero de las ganancias de la empresa para poder seguir cuidándolos. Ellos se imaginan que simplemente comportandose como hombres todo el tiempo (por qué son hombres de sexo masculino) lo tienen todo arreglado y solucionado en todos los sentidos. Conforme pasa el tiempo y los años ellos estan peor y es casi imposible que puedan volver a un estado psicológico normal aunque renunciaran a su empresa. Ellos mismos se han metido en ese túnel psicológico sin salida. Si ellos no dan más de si psicológicamente no se puede hacer nada, de donde no hay no se puede sacar.

-Algunos de estos hombres que tienen la duda de algo de la homosexualidad con ellos mismos lo que hacen es hacer las cosas al revés a drede. En vez de ir a por la cuestión directamente para perder el mínimo tiempo posible ni perjudicar a los demás que les rodean lo que hacen es creerse espavilados y intentar alargar al máximo todo lo que se pueda el tiempo para dejar la cuestión de la homosexualidad de la que tienen duda en lo último de todo y van haciendo cosas conforme pasan los años con su correspondiente comprobación a cada cosa que hacen para ver si lo que han hecho les alivia la duda homosexual, y como ven que no ha tenido ningún efecto lo hecho vuelven ha hacer otra cosa más seria y con más consecuencuas que la anterior y comprueban y ven que tampoco les alivia la duda homosexual y vuelven ha hacer otra cosa más seria y con más consecuencuas y así sucesivamente y ellos mismos se meten en un lio sin sentido. Ejemplo de cosas que hacen haciendo las pruebas: hacen empresas y ven que no les satisface, se casan con una mujer y ven que no les satisface, tienen hijos y ven que no les satisface, hacen cosas para llamar la atención y ven que no les satisface, etc... y el que se casa con una mujer casi todos tienen hijos como no los quieren que son un estorbo su mujer e hijos que son el efecto secundario de su comprobación, hacen pasar mal a su mujer e hijos a abandonados o maltratados. No les satisface nada de lo que hacen y cada vez menos. Y ellos mismos no ven raro que todo lo que hacen son solo comprovaciones perdiendo su tiempo (si no hay talento no se puede hacer nada, de donde no hay no se puede sacar, ellos simplemente se cren que son los mejores y nada mas). Y algunos de estos hombres que hacen las mismas cosas o parecidas entre ellos se identifican (creyéndose espavilados) y se creen que como ya hay otro que hace las mismas cosas o parecidas por eso ya tienen la seguridad de que como mínimo no se están equivocando mucho (cuando la realidad es que lo están destrozando todo a su alrededor). Y van pasando los años y cuando están jubilados y han hecho todas las probabilidades de destrozos y ya no queda nada más que destrozar por qué ya está todo destrozado al máximo entonces se dan cuenta ellos mismos y entre ellos los que se conocen y que se creían inmunes a todos la problemas por que se cren especiales que la cuestión homosexual que deberían de haber solucionado en el primer momento y la dejaron para lo último deveria de haber sido la primera cuestión y más importante de todas en solucionar. Se han dado cuenta tarde (dentro de la capacidad limitada que tienen de entender las cosas) y ya hay poco o nada que se pueda hacer para intentar solucionar algo, mejor que se queden así por qué "sería peor el remedio que la

enfermedad" (queda poco tiempo y hay poca salud), lo sobrellevan como pueden hasta el final de sus dias. Algunos de estos hombres y que son ancianos y hasta el último momento de sus dias y que la lucidez mental se lo permite y por encima de todo y mezclado con todo se inventan un comportamiento energético juvenil exagerado de movimientos rapidos y palabras que no les corresponde y no concuerda en nada con la edad que tienen llamando la atención y haciendo el ridículo todo el tiempo esperando que algún hombre especial se de cuenta de lo increíbles que son y se les ofrezca a ser su esclavo sexual en al menos en una ocasión. Algunos de estos hombres son ancianos y se comportan como si tuvieran 16 o 20 años con movimientos de brazos, cuello, cabeza, cuerpo energéticos rápidos exagerados, hablando rápido, parece que lo saben todo, contestan a todo, predispuestos a todo, con aparentemente buena salud en todos los sentidos pero psicológicamente están contenidos y cuando llegan a la edad de los 60, 70, 80, 90 o 100 años en cuestión de 3 o 4 días sucumben/colapsan ellos mismos consigo mismos y quedan en un estado psicológico intermedio semiconscientes de la realidad y estan desorientados permanentemente
casi con seguridad para siempre. ¿Que les ha pasado si ese síndrome que han tenido hasta fallecer encamados no corresponde con ninguna enfermedad normal degenerativa por edad avanzada presentando síntomas ilógicos e incompatibles que no concuerdan con ninguna demencia senil? Causa: hasta el último momento estos hombres querían tener una relación homosexual con otro hombre pero ellos mismos siempre se han negado a que pudieran ser gays o bisexuales y su forma de esconderlo o sobrellevarlo era tener personalidad energética hasta el último momento que esa personalidad por sí misma ya tenía incluida la preparación de estar esperando esa relación sexual homosexual. Algunos de estos hombres que hacen este tipo de cosas a veces se suelen dejar el

pelo largo de la cabeza, con poco pelo, les queda feo (el pelo largo no queda feo pero ellos mismos se comportan como si tuvieran algo raro encima de la cabeza y es lo que hace que les quede feo) y mal cuidado, e ir a todas partes con unas zapatillas de estar por casa tipo chancla de tela de toalla color azul oscuro con la parte de los dedos descubierta, las llevan durante todo el año sin calcetines, en verano e invierno, con lluvia o sin lluvia y también se las suelen manchar de barro y hierbas como de haberse metido por algún sitio por el campo como un huerto, un sendero, unos matorrales o la orilla de una carretera y después se pasean por todos lados con las zapatillas de estar por casa sucias (hacen que se note que se las han limpiado un poco, como que vienen de rozarse por sitios), hay otros que en vez de dejarse el pelo largo o llevar las zapatillas de estar por casa lo que hacen es que pronuncian mal algunas palabras, por ejemplo les ponen acentos, se inventan sílabas de la palabra cambiando alguna vocal, fingen pronunciar mal la letra r, sustituyen letras consonantes por una s, etc…

-Estos hombres tienen un factor común en su personalidad que de manera casual coinciden en lo mismo y lo que hacen es que todos tienen un truco y viven comprimiendo su personalidad al máximo todos los dias que en algún sitio de su imaginación, de su cerebro o de su memoria quedará guardada su personalidad comprimida para que cuando llegue el momento de que encuentren una clave lógica para dejar de tener deseos homosexuales o como excepción ya hayan tenido la experiencia de tener sexo con otro hombre harán memoria recordando para volver sobre sus recuerdos pasados sobre toda su personalidad extendida en el tiempo atrás y arreglaran en su memoria todo lo que les pasó mientras se sintieron mal o no pudieron hacer por creersen que no eran gays.

-Hay algunos hombres que tienen deseos sexuales por otros hombres y creen que eso es un error y que ellos no deberían de tener esos deseos e intentan evitarlos y se creen que cada día que pasa están más lejos de esos deseos y que son también a la misma vez cada día que pasa más heterosexuales y que llegará un momento que encontrarán el equilibrio psicologico perfecto que imaginan ellos mismos para ellos mismos y que sólo tienen que pensar cada vez más fuerte que cada vez quieren tener menos deseos sexuales por otros hombres. Algunos de estos hombres antes de que lleguen a ancianos para quedarse encerrados en su propio lío psicológico como les pasa a la mayoría, por ser tan creídos, por creersen tan superiores a los demás y por creerse tan importantes llega un momento que les da un ictus y algunos no sebreviven, otros les queda pocas secuelas o ninguna y los que sobreviven con algunas secuelas ya no sirven para nada son dependientes de otras personas para todo (si pudiera ser que no le diera un ictus a ninguno de estos hombres). Por tenerselo tan creídos pasan directamente a no ser nada ni nadie. Estos hombres son los que en un principio parecen que tienen más talento que nadie y que más cosas consiguen que nadie y que más rápido hacen todo que nadie y que más seguros son de si mismos que nadie y que parece que no hay nadie que pueda hacer nada en contra de ellos pero eso es sólo una cortina de humo que ellos mismos se montan de cara a los demas y después con el desenlace del ictus se descubre todo y que en verdad eran las personas con menos talento que hay y que sólo servían como maximo para hacer compañía otras personas, ahora ya no son ni personas, son dependientes para todo de otras personas. Al final son ellos mismos todo. Mejor que las cosas sean así que no de otra manera y que los de alrededor pudieran ser perjudicados de esta manera solo quedan perjudicados ellos mismos por el momento después se podría encontrar una manera de que entendieran ellos mismos y que al final nadie saliera perjudicado. Donde ha estado el fallo: ¿En la educación del colegio? ¿En las costumbres de algunas personas?

¿en la desinformación? Si fuera casos aislados podría ser que fuera mala suerte, pero hay muchos casos y eso quiere decir que casi seguro son ellos mismos cien por cien. "Si no hay talento no se puede hacer nada. De donde no hay no se puede sacar".

Nota: un ictus puede ser por muchas causas de cualquier cosa, no es sólo por lo qué se describe en el texto.

Hay otros hombres que terminan desaroyando esquizofrenia o demencia senil temprana por los deseos homosexuales con otros hombres y los que están casados con mujeres esperan que sus mujeres les puedan ayudar en la cuestión y una cosa que se repite con todas estas parejas es que sus mujeres saben perfectamente desde el princio de todo y todo el tiempo que lo que les pasa es por los deseos homosexuales entonces es una de dos: o sus mujeres no saben cómo ayudarles en ese sentido o no quieren ayudarlos por qué son malas y están esperando a que enfermen sus maridos por que así ellas se entretienen, hay que pensar bien y creer que es que sus mujeres no saben cómo ayudarlos y por que también si les pasa a ellos algo ellas se ven perjudicadas aunque solo sea por el qué dirán (que importa poco) "mira el marido de esa ha enfermado" ya afecta eso también.

-El único beneficio que han sacado estos hombres de hacer las cosas de esta manera (por no dar más de si psicológicamente que puede ser por una causa directa, circunstancial o sobrevenida) es que entre estos hombres que han hecho las cosas iguales o parecidas y se han tenido vigilados mutuamente los unos a los otros creyéndosen espavilados y superiores a los demás durante todo el tiempo, cuando se dan cuenta que lo han hecho todo al revés que se dan cuenta más o menos por la misma época o tiempo antes o después se van dando cuenta todos y que lo han destrozado todo, por lo menos y de manera muy lejana se tienen los unos a los otros y se pueden tomar como punto de referencia los unos a los otros para ver en qué han destrozado más o menos las cosas en general. Es el residuo que ha quedado de habersen vigilado los unos a los otros durante tantos años, pero por lo menos algo es algo mejor que nada. Es casi nada, que no sirve para casi nada, que no les aporta casi nada y no compensa en nada.

-Si no hay talento no se puede hacer nada ni antes ni después, de donde no hay no se puede sacar, algunos de estos hombres puede ser que noten algo raro que no funciona bien en ellos y otros se creen que la mayoría tienen el problema de no dar la talla y que ellos son especiales y estos hombres unos por una cosa y otros por otra cosa se ponen un "parche" de creerse que son superiores a los demás todo el tiempo. Mejor que las cosas sean así que no de otra manera.

-Estos hombres por creerse únicos y por llevar hasta el extremo sus ideas absurdas de superioridad se inventan y crean inconscientemente y contraen enfermedades psicológicas raras nuevas personalizadas por ellos mismos y para ellos mismos que ni siquiera están contempladas en libros de diagnóstico de psicología para poder ser catalogadas y diagnosticadas.

-Algunos de este tipo de hombres y normalmente con poca edad y que son bisexuales o gays y físicamente y por la forma de su personalidad parecen heterosexuales. Se imaginan y creen que el problema más grave que tienen es que son bisexuales o gays y que sólo ese problema los fastidia mucho más que ningún otro problema. Y muchos de ellos coinciden en creer tener una posible solución a su bisexualidad u homosexualidad y para empezar la solucion ellos a si mismos y en secreto aceptan a medias su supuesto problema de ser bisexual o homosexual y despues se imaginan que si las mismas cosas que les gustan de los hombres les gustaran de las mujeres su problema estaría solucionado como ellos quieren y de manera perfecta. Y despues de hacer muchas pruevas psicológicas haciendo muchos esfuerzos y perdiendo mucho tiempo compruevan que todo ese trabajo no ha servido de nada y les siguen gustando los hombres de la misma forma y manera que desde el primer momento. Y llegan a la conclusión de que con la ayuda de las drogas van a tener el momento exacto que ellos se imaginan y buscan de que sus gustos por los hombres van a transformarse en que les gusten las mujeres de la misma manera que les gustan los hombres y a la misma vez también en ese mismo instante los hombres van a dejar de gustarles. Al principio hacen la prueba consumiendo poca cantidad de droga y ven que no les funciona el deseo de el cambio de gustos sexuales. Después en otras ocasiones cosumen más droga y drogas diferentes y mezcladas y ven que tampoco funciona su deseo de cambiar de gustos sexuales. Después para siguientes ocasiones de intentos se imaginan que para que se cumpla su deseo tienen que atreverse a drogarse al máximo que soporte su cuerpo tomando mucha más droga que las veces anteriores, mezclando drogas diferentes, alcohol y sustancias y atreviéndosen a hacer enredos psicológicos muy enredosos con ellos mismos por qué cuanto más arriesguen psicológicamente después estarán más recomendados consigo mismos, lo hacen por ejemplo estando de fiesta con amigos en discotecas por la noche o en botellones o en sus casas y en el momento exacto que más fuerte notan el efecto de la droga en el cuerpo creen que es el momento en que tienen que desear su deseo de cambio de gustos sexuales y así de esta manera puede que haya mayor posibilidad de probabilidades de que se cumpla el deseo y dejen de gustarles los hombres y les gusten solo las mujeres. Cuando lo hacen está prueba (y última de todas las pruebas) se les va la cabeza psicologíamente sin vuelta a tras y se quedan ineptos para siempre y dependientes de otras personas para las necesidades basicas. Se quedan sin poder elegír ni entre hombres ni mujeres ni nada, ya no sirven ni para cuidarsen ellos mismos. Son ellos mismos todo, nadie les ha dicho de hacer nada de eso.

-Algunos de estos hombres se imaginan y se creen que por ser adultos y por la edad que tienen que ya han llegado a un punto de seguridad perfecta en lo personal y en todos los sentidos (eso no existe, se lo inventan ellos, no tiene nada que ver la edad para tener seguridad en una cosa u otra cosa) y que ya nunca más van a tener problemas graves pero que algunos problemas mínimos insignificantes alguna vez sí que pueden llegar a tener por qué ellos mismos así lo deciden. Estos hombres tienen hijos y les hechan las culpas a sus hijos de todos sus problemas graves y cuando les apetece de sus problemas mínimos tambien (por eso nunca tienen problemas graves) y les destrozan poco a poco el futuro a sus hijos desde que son niños y se van haciendo mayores, utilizan la inocencia de sus hijos para destrozarlos creyéndosen que la inocencia de sus hijos les corresponde a ellos por ser el padre. Si el padre nota que tiene deseos homosexuales con otros hombres (para el padre eso es un problema grave) entonces culpa a sus hijos de esos deseos homosexuales (los culpa el mismo en secreto y no se lo dice a nadie) y así generalmente con todos los problemas graves que tiene, como si sus hijos fueran un estorbo, como si alguien les hubiera obligado a tenerlos, y el padre para desahogarse empieza a agobiar a sus hijos con chantajes psicológicos que los hijos no notan y después con el tiempo los hijos notan que se empiezan a sentir mal y que les pasa algo pero no saben de donde viene la causa de sus nuevos problemas por que no entienden que pasa y entonces se apoyan más en su padre para solucionar sus problemas y su padre más los fastidia y es un círculo vicioso, la persona que supuestamente tiene que respetarlos y entenderlos es la persona que más los está perjudicando y los hijos cada vez peor psicologicamente y terminan por volverse problemáticos, toxicómanos, delincuentes, etc... Este tipo de padres nunca deberían de haber sido padres, pero si no tienen talento no se puede hacer nada. De donde no hay no se puede sacar. ¿Donde va a ir un hijo a quejarse de su padre? A ningún sitio. A día de hoy no existe ningún sitio donde poder hacerlo. La única solución es que estos hijos se den cuenta lo antes posible y se alejen de su padre lo máximo que puedan. Son padres tóxicos que llevan a sus hijos a la muerte.

-Una cosa que suelen hacer este tipo de hombres es que si tienen algún hijo chico (varón) y otro hijo chica (mujer), estos hombres al hijo chica (mujer), lo que hacen es que la ponen de buena persona siempre, para ellos mismos, de cara a la gente, cuando hablan a la gente, por encima de todo y bajo cualquier circunstancia y concepto en todos los sentidos de todas las formas y maneras posibles hagan las cosas mal que puedan llegar a hacer y nunca va ser culpables de nada. Y al hijo chico (varón) justamente todo lo contrario, lo ponen de mala persona siempre, para ellos mismos, de cara a la gente, cuando hablan a la gente, por encima de todo y bajo cualquier circunstancia y concepto en todos los sentidos de todas las formas y maneras posibles hagan las cosas bien que puedan llegar a hacer y nunca se va a librar de ser culpables de hacerlo todo mal y de perjudicar a los demas. Sin importarles nada si haciendo todas esas cosas perjudican a su hijo chico (varón). Estos hombres haciendo esto se aseguran de que van a estar tranquilos por más tiempo y no van a cojer estres ni ansiedad.

-Hay algunos hombres que fingen ser heterosexuales y son bisexuales o gays
y se creen que el día que se decidan a tener sexo con otro hombre serán y se creerán tan importantes que se creen podrían hacer sentir mal a los demás (en el caso de que los demas se enteraran que ha tenido sexo con otro hombre) y se creen que son listos, espavilados y buenas personas y de momento no van a tener sexo con otro

hombre y se van a fastidiar ellos mismos como perdonando a los demás (los demás son el resto del mundo excepto el mismo y el otro hombre con el que abría tenido el sexo) y haciendo un favor y en beneficio de todos, pero estos hombres para ellos mismos creen que no pierden del todo y mientras tanto que por una cosa u otra cosa no se deciden a tener sexo con otro hombre ellos van sacar beneficio de su indecisión voluntaria pensando permanentemente en su indecisión de manera infinita para creersen superiores a los demás y sentirse mejor o haciendo negocios para ganar mucho dinero y de esta manera sin tener sexo con otro hombre creen que alomejor incluso pueden sacar más beneficios en general en todos los sentidos que habiendo tenido sexo con otro hombre que era la intención inicial que ellos tenian.
-Si no hay talento no se puede hacer nada. De donde no hay no se puede sacar.

-Hay algunos hombres que fingen ser heterosexuales y son bisexuales o gays y tienen problemas en su relación con su novia por que tienen una obsesión que es que creen que su novia está tramando algo que es que les oculta un secreto que son las instrucciones de que es lo que tendría que hacer él para decidirse o atreverse tener sexo con un hombre como si su novia se lo impidiera por qué a ella le apetece hacerlo si más, como si ella lo estuviera engañando por algo que el novio no termina de entender que es. Por que su novia le da permiso para hacer todo lo que quiera y lo entiende, comprende, lo aconseja y lo apoya en todas las cuestiones excepto en la cuestión de tener una experiencia homosexual con otro hombre. Y el novio cree que para que se le desaparezca esa obsesión tendrían que tener el y su novia una conversación buscada pero casual con un hombre gay que a ellos les caiga bien (no sirve cualquier hombre gay), estando los tres en la misma conversación y en ese mismo momento el novio de la chica le tendría que hacer al chico gay seleccionado unas preguntas clave aleatorias que a él se le ocurran en ese mismo momento que tengan que ver con relaciones de parejas y que las contestaciónes sinceras de el chico gay (sinceras por qué es un desconocido que acaban de conocer y supuestamente tiene buenas intenciones y no dará contestaciones con dobles sentidos ni enredosas) las van a escuchar ellos que son pareja y el novio cree que ese momento quedará atrapado y que el quedara liberado de su obsesión por tener una experiencia homosexual con otro hombre y sus problemas con su novia quedarán resueltos para siempre mientras mantengan los dos en la memoria las respuestas de el chico gay.

-El novio de la chica cree que hablar con el chico gay es la solución a sus problemas de pareja por qué en las palabras de las respuestas del chico gay hay mensajes ocultos codificados sobre verdades, ética, personas, hombres, mujeres, ambigüedades sexuales, conceptos etc... y él novio de la chica se cree que va a detectar esos mensajes y los va a saber interpretar para descodificar y descifrar los mensajes subliminales que es justo lo que él necesita que son la clave a los problemas de pareja con su novia. Por que él cree que es una cosa por otra, que el se ha molestado en acercarse al chico gay para acerle las preguntas y a cambio por su esfuerzo de acercarse se lleva su recompensa que es la solución de lo que busca.

-El novio tambien cree que en el caso de que raramente por algún motivo alguna vez volviera a empezar a tener algun problema en su relación con su novia para que se solucione ese problema él y su novia en algún momento durante ese problema solo tendrían que recordar entre ellos toda la conversación casual con el chico gay seleccionado que les calló bien aquel día y sus respuestas sinceras a las preguntas aleatorias casuales que el mismo le hizo, por qué la sinceridad verdadera y las buenas intenciones resuelven los problemas y así eternamente serán una pareja perfecta con el truco de recordar o hablar entre ellos la conversación de el chico gay cada vez que lo necesiten.

-Este tipo de hombres no se dan cuenta de que ellos mismos se delatan con las cosas que hacen por qué su novia no está tramando nada, los que estan tramando son ellos. Traman que fingen que quieren a sus novias pero están todo el tiempo pensando en hombres (serán bisexuales o gays).

-Si no hay talento no se puede hacer nada. De donde no hay no se puede sacar.

-Notas:

1) Que el chico gay para las preguntas no pueda ser un chico conocido de antes por ellos y tenga que ser un chico desconocido y casual corresponde al deseo de el novio de la chica que querer poder tener sexo segun sus gustos de manera casual un día con un chico moreno, otro día con un chico rubio, otro día con un chico pelirrojo, otro día con chico musculoso, otro día con un chico flaco, otro día con un chico negro, otro día con un chico alto, otro día con un chico bajo, otro día con un chico de ojos azules, otro día con un chico de ojos marrones, otro día con un chico de ojos verdes, otro día con un chico exótico, otro día con un chico extranjero, otro día con un chico guapo, otro día con un chico feo, otro día con un chico tatuado, otro día con un chico sin tatuar, otro día con un chico con barba, otro día con un chico con la cara lisa sin pelo, otro día con un chico con perilla, otro día con un chico con bigote, otro día con un chico con toda la barba recortada fina hilo, otro día con un chico de cuerpo peludo, otro día con un chico de cuerpo sin pelos, otro día con un chico tipo oso peludo grande, otro día con un chico veinteañero, otro día con un chico maduro, otro día con un chico etc…

2) Pasando estás cosas la novia se entera de que es lo que piensa su novio y las intenciones que lleva por qué si no posiblemente de ninguna otra manera se pudiera haber enterado nunca.

-En el trabajo de personalización de objetos por encargo que hacen algunos de estos hombres que ofrecen opciones exageradas innecesarias absurdas de opciones de personalización a elegir y muchos de estos hombres ofrecen casi lo mismo o lo mismo y podría ser casualidad que ofrecieran lo mismo, como cualquier otra casualidad de cualquier otra cosa, pero es una casualidad demasiado repetida para que sea casualidad.
-Estos hombres no se dan cuenta de que lo mismo que hacen ellos es exactamente lo mismo que hacen otros muchos hombres, por que como están metidos en su burbuja de creersen todo el tiempo que ellos tienen la razón (de que nadie sospecha que quieren tener sexo homosexual con otro hombre y desde el momento 0 lo sospechan todo muchos de los de alrededor de ellos, pero estos hombres no dan más de si en ese momento) con el tiempo se van comunicando menos en todos los sentidos con las personas que los rodean y se aíslan y el efecto secundario de ese aislamiento por esa causa (causa de querer tener sexo homosexual con otro hombre) es que ofrecen mucha variedad innecesaria de cosas a elegir. Ellos no saben si lo que ofrecen se necesita o si no se necesita.
-Para terminar de estar del todo seguros de si mismos y estar cada vez más metidos en su burbuja de creersen que tienen la razón todo el tiempo por qué ellos mismos se dan la razón hacen una simple comprobación a su alrededor para ver si hay otros hombres que hacen algo un poco parecido de manera lejana a lo que hacen ellos (solo un poco de manera lejana, no un poco parecido, no algo parecido, no parecido, no mucho parecido y no igual) y como ven que son muchos los que coinciden en la comprobacion ya se creen que lo están haciendo bien y al ser muchos como son muchos nunca se van a equivocar.
-Y lo que coincide entre todos estos hombres que hacen así las cosas es que tienen la misma forma de hacer ese tipo de cosas de la misma manera que el que tiene el un

sindrome o los síntomas de una enfermedad y esos síntomas coinciden con los sintomas de otra persona y es por que tienen la misma enfermedad, una enfermedad como por ejemplo: fiebre, dolor de cabeza, tos, dolor de músculo, dolor de huesos, catarro etc... Si algunos de estos hombres se dieran cuenta de que exactamente lo mismo que hacen ellos lo hacen otros muchos hombres con el mismo mensaje subliminal de sexo homosexual y que no sirve de nada lo que hacen unos ni otros por qué su mensaje subliminal de sexo homosexual no tiene ningún efecto y que se están perjudicando entre todos ellos y perjudicando a los de alrededor por hacer lo mismo entonces se dedicarían a hacer otra cosa diferente precupandosen de no copiarsen los unos a los otros.
-Cada uno se deshace o se desahoga de sus problemas como puede o como sabe y ofrecer muchas cosas a elegir para personalizacion de objetos no perjudica a nadie y puede servir de terapia para desahogarse de algun problema pero es algo raro y hacer eso tiene mucho trabajo fisico, si estos hombres creen que tener sexo con otro hombre es un problema, es respetable por qué no perjudican a nadie (tener sexo con otra persona no es ningún problema) pero ellos mismos se crean un segundo problema que si que es un problema real y que perjudica a los de alrededor que es que los están mareando haciendo perder el tiempo a todos los que pueden que están a su alrededor con la intención final de que ellos solo buscan tener sexo homosexual con otro hombre y que el acto del sexo solo les va a durar 5 minutos.

-Hay algunos hombres que fingen ser heterosexuales y son bisexuales o gays y empiezan a ser ancianos y llevan de manera diaria gafas de visión todo el tiempo o tienen gafas solo para ver de cerca o de lejos y no las necesitan mucho y se las ponen todo el día y lo hacen llevando las gafas en casi la punta de la nariz y mirando a los demás cábizbajo (en posición disimulada preparados para agacharse para ponerse a empezar a hacer una felación a un hombre) para tener una excusa de ellos mismos para cuando se dirigen a alguien hacer miradas raras como de ocupados de que están en dos cosas a la misma vez y hacer movimientos de cuello rígidos de interesantes, y las gafas con cordón negro de pata a pata por el cuello para que por si acaso no se caigan al suelo (como si un hombre por detras les fuera a tocar el cuello con la mano). Ellos que son ancianos hacen como si estuvieran imitando a otro anciano que lleva unas gafas, como si le echaran las culpas de algo al anciano del que paren fingir su imitación. Este comportamiento parece ser que ya lo tenían pensado desde hacía mucho tiempo antes de hacerlo como manera de quitarse preocupaciones de encima (preocupación de estrés y ansiedad por qué quieren tener sexo homosexual con otro hombre y ese momento no llega por alguna causa) por qué se creen superiores y únicos y ellos se inventan las normas que les apetece de lo que sea, pero luego ven que no funciona para nada el truco, ejercicio o maniobra. De donde no hay no se puede sacar, si no hay talento no se puede hacer nada.

-Algunos hombres se hacen tatuajes con mensajes subliminales ocultos, el mensaje subliminal oculto puede ser que lo hagan conscientemente o sin darse cuenta inconscientemente. Se repiten mucho estos tatuajes en estos hombres (es sospechoso).
Tatuajes:
***La sombra color negro puro de un bosque de árboles en el orizonte, solo lo llevan tatuado alrededor de el tobillo, muñeca de la mano o codo: quiere decir que es el sitio más grande y mejor donde podrían tendrán sexo con otro hombre, como en un bosque de cruising, escondidos en intimidad, y si pasa otro hombre mientras están teniendo sexo se puede unir y todo va a quedar siempre en secreto a no ser que se delaten entre ellos.
Significado: El bosque tatuado en la extremidad equivale a

que la extremidad es el pene y el dibujo del bosque negro puro es la mano que toca y sujeta el pene.

***La brújula analógica magnética con flechas metalicas una apunta hacia el norte y la otra flecha apunta al sur: donde estará el misterioso sitio o el bosque y que tanto le va a gustar que será donde tendrá sexo con otro hombre desconocido.

***Los números romanos de fechas de años: tiene 2 significados, ejemplo de números romanos VIIIVI XXVI XCVID ILXII:

A) El sexo con hombres es lo que más le gusta ahora y siempre y para siempre y para la historia.

B) Quiere decir que hay una fecha sin saber cuándo será de que está esperando que llegue el momento de tener sexo con otro hombre.

***Reloj de arena: el tiempo durante el que va a estar teniendo sexo con otro hombre, se le va a hacer corto igual que el poco tiempo que dura un reloj de arena.

***Una serpiente, raíces de árbol o un tribal que se enrollan o pasan por el cuello, hombros, brazos, piernas o alguna otra parte del cuerpo: quiere decir que la serpiente es el pene de otro hombre que lo toca y lo enrolla por todo el cuerpo y las raíces de árbol son las manos y los dedos de otro hombre que lo tocan y lo abrazan por todo el cuerpo. A veces la punta de una de las raíces o del tribal asoma por el cuello o asoma por el bíceps del brazo con la camiseta puesta, quiere decir que con que el otro hombre le toque con la punta del pene en alguna parte de su cuerpo se conforma o que él le toque con su punta del pene cualquier parte del cuerpo a otro hombre se conforma.

***Reloj antiguo analógico de manecillas, tiene 2 significados:

A) Está esperado que llegue la hora del momento exacto para tener sexo con un hombre.

B) Quiere decir que les va a ser fiel para siempre por mucho tiempo que pase a esos hombres con los que haya tenido sexo una vez o muchas veces y que cuando lo busquen para más sexo él siempre va a estar ahí para ofrecerse.

Nota: el dibujo del tatuaje del reloj puede ser un reloj de epoca de bolsillo de cuerda y puede tener las horas en numeros romanos.

***La firma de bolígrafo de un nombre de persona de mujer o de hombre. Al ser una firma está la incógnita el misterio y confusión en saber si es un nombre de mujer o de hombre y hay que leerlo varias veces para estar seguro que es un nombre de mujer o de hombre. Otras veces por muchas veces que se lea la firma no se puede distinguir de ninguna manera si la firma es de nombre de mujer o de hombre y como el que lleva el tatuaje es un hombre, supuestamente en un principio puede ser que sea el nombre del mismo hombre que lleva el tatuaje, su nombre propio. El tatuaje tiene 2 significados, en futuro y en pasado:

A) Es la huella psicológica que le ha dejado uno de los hombres con el que tuvo sexo y que tanto que le gustó lo que hicieron juntos y se ha tatuado su nombre.

B) Es la huella psicológica que le va a dejar uno de los hombres con el que va a tener sexo y que tanto le va a gustar lo que harán juntos y como adelantando la ocasion se ha tatuado el nombre del otro hombre por qué ya sabe quién es o es un nombre de un hombre cualquiera al azahar por que aún no lo conoce, por qué no importa que sea un hombre u otro hombre lo importante es que va a ser con uno cualquiera.

*** El busto de Nefertiti de perfil (antiguo Egipto). Significado: el pene de un hombre en erección esperando sexo.

***Tatuaje maorí y tatuaje maorí recubriendo 360 grados los brazos o las piernas: está lleno de muchas figuras geométricas repetidas en ángulo con varias esquinas puntiagudas en cada figura. Descripción: la abuja de tinta ha tenido que tintar muchos ángulos subiendo y bajando a mucha velocidad entrando y saliendo de la piel para hacer todo el tatuaje incluidas las formas de pico en las esquinas. Significado: cuando un hombre tiene sexo anal con otro hombre (formas de pico en las esquinas geometricas significa el pene de hombre activo) tiene que hacer un movimiento del sexo hacia delante y hacia atrás repetidamente muchas veces con su pene dentro del culo de su pareja sexual (las abujas de tinta en movimiento representan el movimiento pene practicando sexo).

*El tatuaje maorí recubre los brazos o piernas 365 grados. Significados:

A) Es la comparación de todo el pene de un hombre introducido en un culo de otro hombre para mantener relaciones sexuales.

B) El atuaje es parecido a una red de caza para cazar animales en contra de su voluntad, que el significado del tatuajes es equivalente a que se caza con una red de caza de animales a un hombre a la fuerza en contra de su voluntad por que así no tiene opción de escapar para tener sexo con él si o si con seguridad (suponiendo que el hombre cazado termina cediendo voluntariamente a los deseos sexuales de su captor y que finalmente no hay nada forzado).

D) Todos los huecos libres sin tinta de las figuras geométricas repetidas maories representan el culo del otro hombre y cada figura repetida quiere decir que son todas las veces repetidas que va a tener sexo anal con ese hombre y que como son tantas las repeticiones de las figuras geométricas casi seguro que antes o después de una forma u otra forma va a quedar satifecho de sus necesidades sexuales homosexuales.

***Nota: El texto quiere decir que son solo algunos de los que llevan estos tatuajes que tienen esos mensajes ocultos (subliminales). Un tatuaje lo puede llevar una persona por muchas causas: por imitar a alguien, por qué si sin más, por azahar, por una moda, por qué le gusta el dibujo sin tener ningún significado, por que tiene un mensaje oculto subliminal, etc…

-Hay algunos hombres que fingen ser heterosexuales y son bisexuales o gays y por causas varias como por ejemplo envejecimiento o no poder sobrellevar cuestiones bien o no querer acerse cargo de sus responsabilidades se van deteriorando y ellos mismos cogen maneras raras que las ponen en prioridad por encima de todo y que son lo más importante que es que siempre mantienen un toque de juguetón disimulado entre todas las maneras raras que van cogiendo, de jugueton como si fuera un preliminar de sexo, como un cotejo, que va dirigido de manera disimulada a otros hombres (que se creen ellos que no se les nota nada y se creen que lo disimulan). Intentan que el toque de juguetón esté impregnado al máximo
en todas las cosas y gestos que ellos mismos hacen, como por ejemplo: en gesticulaciones amaneradas supuestamente varoniles repetitivas todo el tiempo (como que dan una señal de que les puede estar pasando algo y que estan buscando a estar lo más cerca posible de otro hombre), arrugas curtidas y rasgos marcados en las facciones en la cara que se les quedan fijos con los años y que no corresponden con la edad ni el envejecimiento natural (curtida es como les gustaría a estos hombres que se les quedara la piel de la entrada de su culo de tener mucho sexo anal con otro hombre o otros hombres de tanto meterle y sacarle el pene por el culo), camisas anchas sueltas como si fueran de varias tallas mas (como si en una misma camisa puesta pudieran caber 2 o más hombres y así estar lo más cerca posible de otro hombre y si alguien lo acusa de gay la culpa la tendría quien le haya regalado la camisa, vendido la camisa o quién haya fabricado la camisa), un enfado permanente con todo (para que alguien preferiblemente otro hombre también enfadado valla a buscarlo para recriminarle algo y así tendría la escusa para poder estar cerca de otro hombre sin que nadie sospecha que tiene intenciones de sexo

homosexuales con él), una voz con efecto de sonido triple
(como si fueran 3 voces diferentes de 3 hombres
diferentes con los que poder elegir tener sexo), los
mofletes rojos de la cara como si fueran niños pequeños
(igual que a los niños se les da todo hecho por que se
sabe cuáles son sus necesidades sin que ellos las digan y
que tampoco saben decirlas, estos hombres quieren que
alguien les ponga a disposición de ellos un hombre para
tener sexo con este hombre por qué es una necesidad que
tienen y no encuentran la manera de satisfacer esa
necesidad por sus propios medios), otros tienen una
actitud pasiva como adormilados ahorrando gestos y
expresiones (esperando que algún hombre que a él le
guste se cuenta de su reclamo y se acerque a él y lo
medio viole mientras él se deja y mientras le gusta todo lo
que le hace), etc... Ellos creen que como mucho los de
alrededor podrían llegar a notar algo raro pero nunca van
descubrir el sentido real de sus mensajes subliminales de
estar buscando sexo con otro hombre. La mayoría de
veces y la mayoría de los que están alrededor de estos
hombres captan de manera instantánea todos estos
mensajes subliminales. Estos hombres podrían buscarse a
otro hombre para tener sexo con él en vez de hacer tanto
rodeo.
-Nota: puede ser que algunos hombres de los que tienen
esas características sea de manera casual y no tenga
nada que ver con estar buscando sexo con otro hombre
haciendo mensajes subliminales.
-Si no hay telento no se puede hacer nada. De donde no
hay no se puede sacar.

-Hay algunos hombres que fingen ser heterosexuales y
son bisexuales o gays
 y tienen calva en la cabeza y no es alopecia aunque
pueda parecerlo. Son tipos de calva psicologicas por
estrés. Hay 3 tipos de calvas principales que mejor se
identifican. Como interpretar estos tipos de calvas más

típicas por intentar aislar o eliminar el deseo sexual hacia por otros hombres:

***A) Todo el pelo clareando a 50 por ciento. Mitad pelo intacto y mitad calvicie total todo mezclado a partes iguales por toda la cabeza.

-Causa: en algún momento este hombre llegó a un punto en que se creyó el mismo que iba a hacer todas las cosas en general a su conveniencia si o si para salir siempre beneficiado haciéndolo todo de forma ordenada y en equilibrio por que él asi lo decidió y que así iba a hacer las cosas hasta el final de su empeño sin dejar lo mínimo al azar para que no se modificase nada de su idea inicial. Es una forma de hacer las cosas sin forzar las cosas creyéndose espabilado o adelantado.

***B) Por los laterales de abajo de la cabeza todo el pelo intacto y por arriba calvicie total.

-Causa: en algún momento este hombre llegó a un punto en que se creyó el mismo que iba a hacer todas las cosas en general a su conveniencia si o si para salir siempre beneficiado por insistencia de ser un cabezota por que él asi lo decidió y que así iba a hacer las cosas hasta el final de su empeño sin dejar lo mínimo al azar para que no se modificase nada de su idea inicial. Es una forma de hacer las cosas a lo bruto de forma forzosa.

***C) Toda la cabeza calva en un corto periodo de tiempo.

-Causa: este hombre no hizo caso en ningún momento de las cosas que venía venir y que intuía y se esperó hasta el final de cuando creía que podía empezar a pasar algo hasta que el susto lo alcanzase. Por que para este tipo de hombres si las cosas no están pasando aquí y ahora por mucho que se vean venir es como si todavía no existieran. En la mayoría de veces las cosas vienen con avisos poco a poco y se puede estar prevenido y algunas pocas veces las cosas pueden venir casi sin avisar o de golpe. Es una forma de hacer las cosas haciéndose el ignorante o el despistado.

***Notas:

-Sea cual sea la causa de los 3 tipos de calvicie es que psicológicamente algo falla o que no hay talento. "Si no hay talento no se puede hacer nada. De donde no hay no se puede sacar."
-Puede haber calvicies que esteticamente coincidan con la descripción de los textos y no tengan nada que ver con las causas de las descripciónes.
-Hay otros muchos tipos de calvas menos comunes que también son por causas psicológicas que viendo e interpretando la forma de la calva se puede saber algo de la forma de pensar de estos hombres.
-Esta causa de calvas no está en ningún libro de medicina por qué técnicamente el que un hombre tenga efectos secundarios y sus derivados por ser gay no existe se cataloga de alopecia en vez de gay reprimido con estrés mal sobrellevado por no salir del armario. Un hombre por tener apariencia masculina automáticamente se le empareja de manera obligada con una mujer.
-El folículo del pelo muere por estrés y nunca va a volver a salir pelo.

-Algunos hombres que son supuestamente heterosexuales y que son bisexuales o gays se imaginan un plan que si lo cumplen el objetivo del plan sin modificar nada mientras se hace el plan quiere decir que va a ser efectivo. El plan es que un hombre de estos tiene que engañar de manera inocente y haciéndose la víctima a un hombre gay que tiene que cumplir dos requisitos, uno es que esté fuera del armario y los demás lo sepan que es gay y el otro requisito es que aparente ser más heterosexual que gay, si se le nota que aparentemente es más gay que heterosexual por que este afeminado no le sirve. Tiene que hacer creer a este hombre gay que le cae bien y que tiene curiosidad por la cosas de hombres gays y que quiere tener sexo con él solo por probar, este hombre que hace el engaño se identifica ante el hombre gay como heterosual. Hace que el hombre gay lleve la iniciativa de toda la confianza que hay entre ellos dos. Cuando finalmente va a aber sexo entre ellos dos llevando el hombre gay toda la iniciativa de todo, el hombre supuestamente heterosexual quiere ser medio violado sin colaborar en nada en la práctica del sexo.

Una vez haya sido medio violado (que haya colaborado poco) de manera consentida y de manera inocente ya no se siente culpable y puede hecharle las culpas de su experiencia homosexual al otro hombre gay por haber llevado casi toda la iniciativa todo el tiempo y el plan se habrá hecho y el hombre supuestamente heterosexual solo va a tener que recordar para siempre esa experiencia de sexo homosexual para quedar liberado de sus deseos homosexuales repetitivos con otros hombres y así nunca va a tener necesidad de salir del armario ni de declararse bisexual ni gay y podrá buscarse una novia para casarse y hacer la típica vida de matrimonio tranquilo sin que nadie lo moleste por que él lo que quiere es hacer lo que hace la mayoría de los hombres heterosexuales para no llamar la atención. Por que él se cree que tiene la razón de que salir del armario es un error que le va a perjudicar y que el hombre gay fuera del armario con el que ha tenido sexo está equivocado por haber hecho pública su homosexualidad pero le ha hecho un favor y no le ha dicho que está equibocado para no hacerlo sentir mal. Si no hay talento no se puede hacer nada. De donde no hay no se puede sacar.

-Hay algunos hombres que fingen ser heterosexuales y son bisexuales o gays
y por alguna manera psicológica rara ellos mismos hacen que se les ponga la mano y los dedos de las manos inflamados de manera permanente como si aparentemente se parecieran mucho los dedos a penes y a dátiles de palmera que quiere decir que son muy hombres por que tienen las manos y los dedos inflamados (no grandes) de supuestamente manera natural.

-Estos dedos tienen un parecido a dátiles de palmera de color tostado con brillo y dulces como si algún hombre que los viera no puediera resistire y quisiera meterse los dedos a la boca para chuparselos como si fueran un dátil o un pene para de seguido agacharse un poco más y chuparle el pene real. El brillo del dátil y el dulce pegajoso corresponden al semen. También otros parecidos simulados de los dedos pueden ser longanizas, salchichas y caña de canela.
-Notas:
*Hacer eso limita el movimiento de los dedos se pierde la precisión y hace dificultades para coger cosas. El riego sanguíneo de la mano está forzado y pueden haber problemas de circulación en la mano.
*Algunos hombres a veces pueden o no pueden tener talento y hay otras veces que se pasan y hacen cosas perjudiciales en contra de ellos mismos pero si no se dan cuenta no se puede hacer nada, mejor que las cosas sean así a qué puedan ser de otra manera y puedan llegar a perjudicar a los de alrededor. Puede ser que tengan algún trastorno psicológico y tuvieran que ponerse en tratamiento psicológico. Hay algunos hombres que se meten objetos por la uretra y otros que se amputan el pene en su casa con un cuchillo o unas tijeras.
*Estos hombres hacen estás llamadas de atención de esta manera buscando sexo con otro hombre haciendo tanto rodeo y haciendo tanto trabajo por qué no saben hacerlo de otra manera.
*Puede ser que halla algunos hombres que estéticamente tengan este mismo tipo de mano y dedos y sea por otras causas como por ejemplo por tener un trabajo de levantar cosas pesadas.

-Hay algunos hombres que fingen ser heterosexuales y son bisexuales o gays con el paso del tiempo hacen que de manera forzada se les quede fijada una voz muy grave que se les cuesta entenderlos cuando hablan que parece

que tengan un problema en las cuerdas vocales hacen
eso por que supuestamente es de ser masculino y no de
enfermos mentales.

-Hay algunos hombres que fingen ser heterosexuales y
son bisexuales o gays
llevan siempre todo el día de día y de noche con lluvia o
sin lluvia con sol o sin sol y en todas partes en exteriores y
en interiores una gorra de sol. Como la gorra es metida en
la cabeza es una forma de expresar que quieren meterle
el pene a otro hombre por el culo o que quieren que otro
hombre le meta el pene por su culo.
-Nota: no quiere decir que todo el hombre que lleve gora
quiera expresar eso, es según la forma del estilo de
llevarlo.

-Hay algunos hombres que fingen ser heterosexuales y
son bisexuales o gays
son culturistas de gimnasio que se dedican hacer
ejercicios para tener músculos suelen llevar unas
zapatillas mientras entrenan o en las competiciones que
son muy parecidas a babuchas de bebés las mismas que
llevan los recién nacidos, en vez de llevar por ejemplo
unos deportivos de deporte o unas botas grandes negras
de cuero con una suela grande y alta como son ellos
grandes y fuertes que es lo que les pagaría con la estética
de ellos de músculos, cadenas, pesas, máquinas de
gimnasio, cinturones de cuero, parece que es demasiada
casualidad que estando todo cuidado lo único que falla es
que lleven el calzado de babuchas que no apegan
estéticamente con nada, es sospechoso que coincidan en
la misma cosa, es como una cosa contraría a lo que es,
que ya han alcanzado todas sus metas y ya no hay nada
más que hacer y se ponen un calzado de babuchas que
es el que llevan los bebés recién nacidos que lo tienen
todo por hacer. Estas zapatillas bodybuilding no tienen
ninguna función especial deportiva solo es estética, son de

suela y tela fina, en cualquier caso abrigan poco y se nota en la planta del pie todo lo que se pisa aún peligrosas por tener la suela tan fina puede traspasar cualquier cosa. Llevando este calzado parece que de alguna manera están diciendo que no están conformes con todo lo que han conseguido, es llamar la atención. Tampoco es calzado de seguridad por si se cayera una pesa o una barra de acero en el pie.
-Nota: lo que se dice en el texto es una teoría, cualquier hombre puede llevar este calzado por cualquier causa: por qué le guste, por qué si, por imitar a alguien, por una moda, por qué no tienen otra cosa que ponerse, por qué es un regalo, etc…

-Hay algunos hombres que fingen ser heterosexuales y son bisexuales o gays
y entran a algúnos sitios públicos como chiringuitos, restaurantes, pubs o bares y están 1 minuto o 5 minutos máximo. Se toman cualquier cosa rápida como escusa, un café o un chupito de algo, de hiervas por ejemplo o de licor y se van, lo hacen así por qué quieren no por tengan prisa de nada, es el equivalente a tener sexo homosexual rápido que solo busca la eyaculación con otro hombre e irse, de la misma manera que otros hombres hacen sexo homosexual en los bosques de cruising. Como no encuentran eso en sitios públicos de manera normal sin tener que esconderse y que después no puedan ser acusados de nada lo sustituyen llendo a estos sitios donde hay otros hombres que queda disimulado hacer eso, que es lo más parecido a hacer cruising, es lo más parecido pero está lejos de tener algo que ver, sí que es verdad que hay muchos hombres juntos en ese sitio pero lo demás se lo imagina el que hace el viaje rápido de entrar y salir. Son muchos hombres los que lo hacen y hay sitios que están todo el día entrando y saliendo hombres constantemente que no están ni 5 minutos máximo y se crean ellos mismos más estrés y asiedad de hacer eso que lo que

supuestamente las va a relajar hacer un pause para tomar algo y también estrés y ansiedad que si fueran a un bosque ha hacer cruising con otros hombres. Es un escandalo tanto viaje de tanto hombre entrando y saliendo de estos sitios pero parece ser que entre ellos no se dan cuenta ninguno de los que lo hacen. Y por si a alguien pudiera pensar de ellos que lo hacen por algo por lo que si es y se vieran descubiertos de sus intenciones lo que dan a entender es que los viajes los hacen para vigilar a los demás hombres para que todo este correcto todo el tiempo, son vigiladores.

-Hay algunos hombres que fingen ser heterosexuales y son bisexuales o gays van contando a conocidos al azahar a drede (se imaginan que al hacerlo al azahar nadie va a sospechar nada en el caso de que casualmente coincidan unos con otros y se digan que les ha dicho lo mismo este hombre) de que ya han hablado muchas veces con su novia del tema gay de que él es hombre y por qué si le apeteciera por probar o por qué si sin más tener sexo con otro hombre si pasaría algo negativo entre la relación de pareja de ellos y que su novia siempre le da la vuelta al sentido del tema de toda la conversación y siempre quedan en ninguna conclusión final y al final de todo la única conclusión clara que saca el novio es que pierde mucho tiempo y esfuerzos en hablar y darle vueltas a la misma conversación de siempre con su novia.

-Algunos hombres que son bisexuales o gays y los que son bisexuales preferirían estar en pareja con un hombre y los que son gays quieren estar en pareja con un hombre y fingen ser heterosexuales y cuales quiera de estos dos tipos de hombres bisexuales o gays no se atreven a salir del armario o no sabrían cómo empezar a salir del armario pero desde el primer momento se niegan a nisiquiera empezár a aceptar que son gays por qué esa posibilidad para ellos no existe y ellos para ellos mismos son

heterosexuales 100 por 100 y prefieren enfermar (enfermar y/o siempre permanentemente todo el tiempo emborrachados y/o siempre permanentemente todo el tiempo drogados) antes que aceptar que son bisexuales o gays y no hay manera de hacerles entender otra cosa diferente y se encierran en sus ideas como por ejemplo:
-Que a él cuando era pequeño su padre y su madre y demás familiares le decían que se fuera en pareja con una mujer cuando fuera mayor, por que todos los consejos que le daban cuando era pequeño los tiene que cumplir por qué son verdaderos y no se pueden modificar.
-Que el ve que la mayoría de hombres están en pareja con una mujer y que el también tiene que estar en pareja con una mujer por qué la mayoría de hombres así lo hacen, y que a él no le engaña nadie diciendole otra cosa diferente.
-Que él cree que tiene que comportarse como un hombre heterosexual reproduciendo o imitando el mismo comportamiento igual que los hombres heterosexuales que el recuerda como una imagen como los veía cuando era un niño o adolescente o una idea inocente que se montan ellos mismos en ese mismo momento de una mezcla de cosas masculinas a conveniencia de ellos mismos y que así nunca se va a equivocar y esa es su seguridad personal imitando todos sus recuerdos y lo que les conviene lo más fiel posible sin modificar nada y con el paso del tiempo intentando hacer que sea los más fiel posible su imitación y conveniencia si es que se puede.

-Hay algunos hombres que fingen ser heterosexuales y son bisexuales o gays que utilizan un supuesto truco (que no es ningún truco) y es el truco más repetido y que primero utilizan antes que cualquier otro truco de intento de maniobra psicológica todos los hombres que quieren fingir ser heterosexuales y que son bisexuales o gays y que quieren esconder su homosexualidad es que estos hombres lo hablan todo y lo cuentan todo de forma normal con cualquier persona adaptando todas las conversaciones para que se puedan hablar con la persona que corresponda el tema que corresponda y como lo hablan todo y quedan desahogados de todo se creen que así las cosas que a ellos les interesan no les van a afectar psicológicamente y de esta forma van a poder modificar o desviar su orientación sexual una sexualidad que a ellos les convenga, y creen que no solo lo pueden hacer con su orientación sexual tambien lo pueden hacer con cualquier otra cosa psicológica importante que a ellos les convenga a su antojo. Eso solo sirve como alivio de expresar algo con palabras y nada más.

-Tiene que ver con el tema de los comportamientos: ¿Entre otras cosas por qué también hay algunas personas a las que les gusta tener animales domésticos si dan trabajo y gastos económicos? Porque los animales no entienden el idioma (algunas cosas simples si que entienden, entre ellos de su misma especie sí que se comunican a su manera de todas las formas) y nadie los puede manipular ni influenciar hacia los humanos y los animales dan compañía verdadera y no como la compañía de algunos humanos que son unos hipócritas, destalentados, egoístas, manipuladores, avariciosos, ambiciosos, chulos, creídos, prepotentes, envidiosos, farsantes, con dobles intenciones, egocéntricos, falsos, mentirosos, liantes, orgullosos, corrompidos, etc…
***Explicacion: cuidar un perro, gato o un animal domestico de mascota en si mismo son molestias y gastos económicos, pero compensa por qué lo que se hace teniendo un animal domestico de mascota es expresar algo que es dar el ejemplo de que no importa todo el trabajo y el esfuerzo que se hace y que es lo mínimo que se puede hacer por un animal de compañia que es hacerse cargo de los cuidados básicos para que los demas lo vean o se den cuenta y entiendan que si su dueño cuida a un animal también lo podría hacer con una persona dando a entender que las cosas funcionan

entendiendo las cosas para que muchos hombres que están estancados con la cuestión del dilema gay entiendan las cosas y se decidan por algo definitivamente reconocer o no reconocer su homosexualidad para que dejen de estar estancados como personas en todos los sentidos y avancen y dejen de perjudicarse ellos mismos y a los que estan a su alrededor, está cuestión deja muchos vacíos en muchas cuestiones en general.

La cuestión de algunos hombres estancados con la cuestión gay es una de las más extendidas que existen y afecta en mayor o menor medida a muchas cosas en general. Estos hombres tienen tantos enredos psicológicos que aunque estén presentes es como si estuvieran ausentes y no hacen compañía a nadie por qué aparte de que no aportan nada como personas además hacen cosas en contra de ellos mismos y si están mal ellos mismos se ponen peor con el paso del tiempo. El animal de compañía no tiene enredos psicológicos en ese sentido y tampoco hace nada en contra de él mismo y se comporta normal y tiene reacciones normales y hace compañía, cosa que estos hombres estando presentes no hacen nada de compañía. Algunos de estos hombres al tener estos enredos psicológicos degeneran en creersen chulos, engreídos, prepotentes, orgullosos, etc…

Que el animal doméstico de compañía este presente da a demostrar que nadie está en contra de estos hombres que son ellos mismos los que se montan su propio enredo psicológico por qué el dueño cuidador del animal igual que cuida de un animal puede cuidar a un humano por qué las atenciones necesarias mínimas básicas son casi las mismas, eso no quiere decir que algunas personas sean mejores ni superiores que los animales ni al contrario.

En ese sentido el tener un animal domestico de mascota es una de las últimas formas de expresar lo que se quiere decir por qué las otras vías más fáciles de expresar las cosas como por ejemplo decirlas con gestos, palabras, consejos o complicidades ya están agotadas y no han tenido ningún efecto positivo y el tiempo pasa por igual para muchas personas y el tiempo no espera.

***A parte de tener un animal doméstico de compañía por qué si sin más en algunos casos tener un animal doméstico tiene 3 funciones (de forma conscientemente o inconscientemente):

1- Sirven de compañía ya que estos hombres están bloqueados con enredos psicológicos y aportan poco o nada como personas.

2-El animal doméstico de compañía estando presente puede ser un ejemplo para que estos hombres con enredos psicologicos se puedan dar cuenta de que tienen una cuestión que solucionar con ellos mismos, que es que se decidan por su orientación sexual definitivamente.

3-El animal domestico de compañía sirve de barrera psicológica para el cuidador del animal para bloquear y que no le afecte negativamente lo que supuestamente pudieran estar tramando estos hombres con enredos psicológicos en el caso de que estuvieran tramando algo y el efecto secundario de que pudieran estar tramando algo es el comportamiento ausente que tienen de que están presentes y no aportan nada como personas, que haya algunos hombres que les pasa lo mismo quiere decir que hay un síndrome común que lo tienen todos por igual. En el supuesto caso de que fuera una trama intencionada por algo y no estuvieran enfermos por la cuestión de su orientación sexual.

-Otro jemplo de expresar con animales la obsesión que tienen algunos hombres heterosexuales por tener sexo con otro hombre: hay joyas realistas con forma de serpientes y lagartijas como collares, brazaletes, pulseras y anillos. También hay insectos de joyas. Estas joyas puestas quedan bien pero solo se llevan puestas en pocas ocasiones especiales (cada momento tiene su ocasion de expresar) por qué si se llevan puestas en muchas ocasiones sería llamar la atención demasiado y provocar y

alterar la normalidad (o supuesta "normalidad"), no por el valor económico que puedan tener que puede ser poco o mucho, se llamaría la atención y se provocaría por qué al ser una joya tiene siempre un valor económico permanente este puesta y se vea o este guardada y no la vea nadie y con el paso del tiempo podría subir de valor económico por la antigüedad (según el material de la joya tendrá más o menos valor, barato sería de acero inoxidable y caro de oro) lo mucho que se llamara la atencion y la provocación que hubiera sería comparable correspondiendo a igual que la obsesión permanente de siempre que nunca se les pasa las ansias de algunos hombres por tener sexo con otro hombre.
La comparación de las joyas es que un hombre busca sexo permanentemente con otro hombre y que es de su misma especie y que los animales e insectos con forma de joya son también de una especie pero de diferentes especies a la humana.
*Son joyas la mayoría de veces con forma de serpientes y lagartijas por qué son alargadas como un pene de hombre y las joyas están adornando un cuerpo humano metidas en un miembro del cuerpo como el cuello, bíceps del brazo, muñeca de mano o un dedo, en comparacion igual que la intención de un hombre de querer meter su pene en el ano de otro hombre. Las joyas de serpiente o de lagartija están enrolladas en las extremidades de la persona igual que un hombre quiere abrazar a otro hombre en cuello, bíceps brazo, muñeca mano o dedos mano. Pueden ser un broche de abrigo, una placa de hebilla de cinturon de pantalon y diferentes accesorios. Algunas de estas joyas tienen muchas incrustaciones de cristales por toda la joya que al reflejar la luz o hacer destellos de la luz crean una fatiga, cansancio o estrés visual que el hombre que lo ve y está estancado con la cuestión homosexual puede hacer que recapacite y piense y se de cuenta de su problema (ese problema o en cualquier otro problema de cualquier otra cosa). Que esas

joyas tengan esas caracteristicas de incrustaciones de cristales y con forma de animales puede ser una manera inconsciente e indirecta de expresar ese mensaje.

Por ejemplo la persona que ha diseñado la joya lo ha hecho por qué le ha gustado diseñarla no por que estuviera haciendo a drede ningún mensaje en el propio diseño de la joya. Por ejemplo la persona que se pone la joya lo hace por qué le gusta ponérsela no por que al llevar puesta la joya pudiera estar expresando ningún mensaje.

Pudiera ser que si alguien lleva estas joyas de serpientes y lagartijas fuera por un mensaje de insinuaciones sexuales a hacia hombres pero ese mensaje se quedaría insignificante en casi nada perdido entre toda la obsesión tan fuerte que hay de algunos hombres heterosexuales por tener sexo con otros hombres. Sin utilizar joyas tiene que haber otras formas más fáciles y más efectivas de hacer insinuaciones sexuales a hombres. Las insinuaciones sexuales no es del todo el propósito de las joyas de serpiente y lagartijas.

***Ejemplos de joyas: María Félix collar de cocodrilos, collar de serpiente, brazalete y pulsera. También hay joyas de animales para hombre pero hay pocas.

Joyad serpiente hombre:

Enlace: https://images.app.goo.gl/Yor9z5xsVrkrGaNbA

Enlace:

https://images.app.goo.gl/XZyU1LK6cM2ezoPK6

-Accesorios de vestir que se utilizan conscientemente o inconscientemente para expresar la fuerte obsesión de algunos hombres heterosexuales por tener sexo con un hombre.

-Pendientes de aldaba. La aldaba es una pesa móvil que se pone en el centro de las puertas para llamar a la puerta. El significado de que los pendientes tengan esa forma es que un hombre espera inocentemente todo el tiempo a que otro hombre venga a buscarlo a su casa tocando su puerta para tener sexo con el. Una aldaba (depende del tipo hay varios tipos) tiene forma parecida a la de unos genitales de hombre de pies colgando entre sus piernas.

El pendiente de aldaba está formado por 2 piezas, la parte de arriba que es fija y está enganchada a la oreja y la parte de abajo que es móvil y tiene un perno o tornillo liso que cruza y lo engancha a la parte de arriba del pendiente para sostenerlo y ese tornillo equivale al pene de un hombre metido en el culo de otro hombre, el movimiento de la parte de abajo del pendiente de va y ven que solo puede ser hacia alante y hacia detrás que equivale al movimiento de sexo de la cintura que es hacia delante y hacia atrás de un hombre con otro hombre metiéndole el pene en el culo de otro hombre y también el movimiento de péndulo de la parte de abajo del pendiente equivale al movimiento de unos testículos de hombre colgando. Este tipo de pendientes suele ser de metal, grande, voluminoso y redondeado y hace bulto puesto en una oreja en comparación a los genitales de un hombre que un pene en erección es duro (el metal es duro), el espacio de los genitales de un hombre con el calzoncillo o pantalón puesto (grande, voluminoso y redondeado) y hace bulto sobresaliendo hacia fuera (bulto pendiente puesto en una oreja sobresale más que la oreja). La comparación en sí misma no es comparar los pendientes de aldaba físicamente directamente con unos testículos de hombre colgando o un pene introducido en el culo de un hombre, el mensaje es el parecido lógico de los tiempos de no reaccion donde algunos hombres se quedan estancados y no avanzan psicologicamente con el tema gay homosexual masculino y los pendientes tienen un parecido estético técnico minimo mezclado con otros conceptos. Los pendientes o cualquier otro accesorio no es de hombres ni de mujeres y ni de mujeres ni de hombres es de quién quiera llevarlos puestos.

-Muchas monedas repetidas metalicas de dinero falsas en

pulseras o en ropa como por ejemplo una falda o pañuelo de la danza del vientre. El significado es que algunos hombres juegan mucho con el dinero haciendo mucho movimiento innecesario y absurdo de dinero (haciendo compras y ventas de lo que sea como por ejemplo propiedades inmobiliarias, objetos cualquiera, etc… jugando a las cartas, al bingo, al dominó, etc…) pequeñas o grandes cantidades de dinero, desproporcionando, exagerando la importancia del dinero (sin importarles si haciendo eso están perjudicando a otros) y dándole al dinero más importancia de la que tiene con el sentido oculto de estar buscando sexo con otro hombre, por qué al provocar con el dinero innecesariamente mucho movimiento de personas estos hombres se imaginan que algún hombre se va a dar cuenta de el juego que llevan con la intención oculta y se va a ofrecer a complacer sus deseos sexuales homosexuales en almenos una ocasión.
***Son accesorios que en algún momento de forma consciente o inconsciente se hicieron con ese significado para expresar y con el tiempo se han ido repitiendo esos accesorios en generaciones y se han quedado gravados en la memoria del imaginario del colectivo popular que gustan sin saber por qué y por eso se siguen manteniendo por que encajan con expresar algo que se necesita expresar, hasta que las costumbres cambien y esos accesorios dejen de tener sentido y dejen de gustar.
-Algunas personas que les gustan mucho los bolsos de vestir para llevar los objetos personales tienen muchos bolsos de muchas marcas y modelos y ellos mismos/as no se explican por qué tienen esa obsesión por tener tantos bolsos. Explicación posible: el bolso es para meter, sacar y volver a meter cosas cuando se necesitan que es una comparación al síndrome que tienen algunos hombres que fingen ser heterosexuales pero son bisexuales o gays y son de diferentes y tienen una obsesión encubierta por tener sexo con otro hombre y que hay muchos conceptos paralizados que no avanzan estancados resumidos a

meter y sacar que es la comparación a meter y sacar un pene de un hombre en el culo de otro hombre practicando el sexo anal. El gesto de meter y sacar objetos del bolso representa la obsesión de esos hombres que no avanzan. Que los bolsos sean muchos y de diferentes marcas y modelos se hace de forma inconsciente para expresar que ese problema está ahí y algunos de esos hombres pueden darse cuenta de su problema al ver los bolsos.

-Accesorio de vestir que puede ser que diga un mensaje de que hombres heterosuales buscan sexo con otro hombre: Un sombrero o turbante con muchas frutas variadas encima amontonadas que se utiliza en muchas vestimentas de tradiciones, típicas, de bailes, para disfraces etc...
-Descripcion: si alguien quiere algo solo tiene que quererlo y hacerlo, si alguien tiene hambre lo más facil que puede hacer para quitarse el hambre es hacer el gesto de coger una fruta y comersela. Al ser un vegetal y al ser una fruta casi seguro que gusta de sabor a quien la pruebe y casi seguro que le sienta bien en la digestión. Para quitar el hambre también se podría comer carne de animal pero sería la opción "difícil" por qué aparte de que no es tan fácil de conseguir como la fruta que solo se tiene que coger de un árbol la carne puede estar infectada de parásitos e infecciones y no pueda estar en condiciones de comer sin que se pueda saber a simple vista (suponiendo que es carne cocinada, poco cocinada, cuanto más cocinada esté menos posibilidades hay de que hayan parásitos vivos, intoxicaciones y transmisión de enfermedades).
-Significado: al estar la fruta en el sombrero en la cabeza quiere decir que las ideas que hacen a uno sentir bien o sentir mal están en la cabeza, dónde está todo es en el cerebro, puede haber o no puede haber enredos psicológicos que uno mismo se crea. Para estar bien y tranquilo uno con uno mismo a veces hay que hacer las

cosas simples que es la comparacion del sombrero de frutas que si se tiene hambre solo hay que coger una fruta y comer, no hace falta buscar siempre soluciones enredadas que no quiere decir que por qué una solución a algo cuanto más enredada sea más acertada y mejor va a ser. El sombrero de frutas es la comparación de que el hombre heterosexual que quiera tener sexo con otro hombre que simplemente busque a otro hombre con quien tener sexo, así de fácil sin enredos.

-Hay algunos hombres que saben que son bisexuales o gays desde que son adolescentes y el que es bisexual prefiere estar en pareja con un hombre y el que es gay quiere estar con un hombre en pareja, pero para no salir del armario y hacer pública su homosexualidad por qué a lo mejor podrian hacer pasar una mala temporada de adaptación las personas de su alrededor por qué no aceptarían bien en princio su nueva condicion sexual o por qué el mismo pasaria una mala temporada en su propia adaptación pública a su nueva condición sexual y por que también podrían perder oportunidades laborales. Porque si no hacen pública su homosexualidad ellos ya quedan "salvados" y nadie va a hablar mal de ellos ni los van a criticar a sus "espaldas" por qué están haciendo las cosas supuestamente correctas que sería ser heterosexual y quedan liberados de estrés y ansiedad por lo que digan o dejen de decir los demás.
Estos hombres se creen más listos que nadie y más espabilados que nadie y se inventan un plan que por ser un plan simple desde el primer momento se creen que va a funcionar por qué desde el primer momento de todo así empiezan aplicando su plan y sin tener que modificar el plan de lo fácil que es hasta el final que sería cuando concluya todo. Lo que hacen estos hombres es que como no pueden salir del armario sin tener la seguridad de que pudieran tener consecuencias negativas (se creen tan importantes que a ellos mismos no les puede afectar

negativamente mínimamente nada y cualquier cosa cotidiana les afecta mucho más pero no se dan cuenta) pues intentan llevar su propia mentira hasta el final (su plan) y fingen que les gustan las mujeres y hacen vida de heterosexual lo más estandart posible que les corresponda según su edad, estatus, características, etc… haciendo las cosas más típicas que se supone que tienen que hacer como hombres supuestamente heterosexuales que son. Lo hacen todo fingido (dirigido todo lo que hacen en pareja por ellos mismos) se buscan una novia, hacen todas las cosas supuestas estandart de novios, van siempre bien vestidos, hablan con palabras biensonantes, tienen conversaciones públicas diplomáticas, tienen conversaciones políticamente correctas, siempre quedan bien con la gente en todas partes, visten ropa de marca, van a comer a sitios públicos de categoría (algunos casi sin poder permitirselo económicamente nada de eso o sacando prestamos del banco por estar por encima de sus posibilidades) hacen viajes al extranjero solo para acersen las fotos para que los demás vean las fotos, etc.. después en la siguie etapa se casan, son una familia perfecta en todos los se todos etc... después en la siguiente etapa tienen hijos y son una familia perfecta con hijos en todos los se todos etc… y así sucesivamente en todas las etapas sociales haciendo las cosas que supuestamente les corresponde hacer. Estos hombres cuando tienen una avanzada edad llega un momento en que de tanto fingir se les enredan las ideas y desentiden de todo por qué si no casi seguro pueden enfermar psicológicamente y sacan el plan B que tenian preparado desde el principio por si las cosas no les salían bien y es que empiezan ha hacer vida de homosexual y empiezan a decir de manera natural y normal que toda su vida anterior ha sido un simple error haciéndosen la victima y que cualquiera se puede equivocar en cualquier cosa y que ellos se equivocaron haciendo una familia y fingiendo ser heterosexuales y que la presion social era mucha y la culpa fue de la presión social y haciéndosen los ignorantes se creen que así queda todo resuelto y que con 50 o 60 o 70 años van a empezar de nuevo con el visto bueno de todos los que se han enterado de su historia que el mismo va contando. Hacer eso no tiene ningún sentido hacerlo los únicos perjudicados son ellos mismos. Si no hay talento no se puede hacer nada. De donde no hay no se puede sacar. Puede ser que la presión social tenga la culpa de que algunos hombres la única opción que tengan sea fingir pero se puede fingir sin exagerar las cosas ni aprovecharse de lo que está pasando por qué eso se nota y se sabe y por que después el único afectado va a ser él mismo.

-Algunos hombres saben que son bisexuales o gays y fingen ser heterosexuales y se creen listos y espabilados y lo hacen todo cómo supuestamente se tiene que hacer según la mayoría de la sociedad, hacen todo lo típico según se ve desde fuera por que así seguro no se equivocan, lo hacen todo lo que supuestamente es lo correcto, ejemplos: se buscan una pareja mujer, se casan por la iglesia, visten siempre bien sin llamar la atención, no discuten con nadie nunca, se compran un coche nuevo con crédito de banco, se compran una casa nueva con hipoteca, tienen 2 hijos a poder ser uno que sea niño el otro sea niña (para tener la pareja) y el hombre se busca un trabajo e intenta que lo hagan fijo. Estos hombres se creen que cuanto más grande sea el enredo de la mentira será mejor a largo plazo de tiempo y más asegurado estará su plan de toda su mentira de imagen de cara a los demás, ejemplos: cuanto más alta sea la hipoteca sacada del banco mejor, cuanto más se haga el creído mejor, cuanto más compromisos tenga mejor. Estos hombres se creen que con esas pocas cosas planeadas y sin perder tiempo ni esfuerzos en nada más, uno ya lo tiene todo hecho y es feliz para siempre. Y cuando empiezan a pasar los años 5, 6, 10 años se dan cuenta que esa imagen que se habían montado es sólo eso una imagen y querrían deshacerse de todo (de su mujer, hijos, trabajo, hipoteca, créditos, compromisos) y empezar de nuevo de otra forma a su manera pero ya es tarde ya han gastado todas sus oportunidades en todos los sentidos para hacer lo que han hecho y ahora se ven encerrados en una jaula psicológica, perdidos en una imagen, la imagen que ellos mismos se crearon y sin poder hacer nada solo les queda dejarse llevar y seguir adelante con su apariencia de todas las cosas que ellos mismos se han montado y que pase lo que tenga que pasar. Estos hombres cogen depresión como mínimo y siguen estando presentes pero ya no son ellos mismos están enfermos puede ser que después de muchos años se recuperen de su depresión. Ellos se creían que montándose una imagen de cara a los demas lo solucionaban todo para siempre. Si que es verdad que los primeros años les ha medio funcionado pero después pagan un precio alto con su salud. (De donde no hay no se puede sacar. Si no hay talento no se puede hacer nada). Su mujer y sus hijos no han notado nunca nada lo han visto siempre todo bien y normal, pero su mujer ahora si que empieza a notar que a su marido le está empezando a pasar algo y no quiere colaborar en las cosas, y entonces ella ya sabe lo que pasa por qué algunas cosas del pasado le encajan. Y el marido pasa a ser un hijo más que tiene que cuidar su mujer, la diferencia entre los 3 que son criados como hijos es que los hijos biológicos del matrimonio si avanzan y se desarrollan y el marido es más infantil que los propios hijos y está estancado y no avanza y con el tiempo se convierte en un estorbo para su mujer e hijos.

-Si supuestamente según ellos son hombres heterosexuales y no le tienen miedo a nada como hombres que son, tienen que ser hombres para todo sin miedo a nada no pueden ser hombres solo para lo que les interesa y les conviene, que casualmente los que son supuestamente hombres heterosexuales que no le tienen miedo a nada supuestamente, son los que son bisexuales o gays encubiertos reprimidos sin salir del armario que fingen ser hombres heterosexuales.

-Algunos hombres que son bisexuales o gays y fingen ser heterosexuales cuando tienen conversaciones con alguien y algunas veces dicen algún comentario mínimo relacionado con homosexualidad masculina (que es casi como si no hubiera dicho nada) y ya se creen que quien haya oído el comentario ya sabe que él tiene deseos de tener sexo con hombre y también se creen que con ese simple comentario que ha dicho el mundo entero podría llegar a imaginar que él es gay y que tiene muchas ganas y deseos de tener sexo con un hombre. Estos hombres son unos crédulos por qué en el caso de que alguien capte de que su comentario tiene un sentido gay y queriendo decir que el mismo es gay probablemente esa persona que haya podido captar ese comentario no le diga nada a nadie por que sería algo dudoso que no se ha dicho claramente por qué podría equivocarse y podría crear problemas y también en el caso de que si fuera algo dicho de forma clara y segura la persona que habria captado el significado del comentario podría no querer decir nada a nadie para no hacerle publicidad de que quiere tener sexo con otro hombre. Como si a los demás les importara mucho cual es su orientación sexual y que su orientación sexual fuera lo más importante que hay.

-Algunos hombres que supuestamente son heterosexuales pero son bisexuales o gay y están casados con mujeres y de vez en cuando tienen sexo a escondidas de su mujer con otros hombres y sus mujeres lo sospechan, lo intuyen, lo saben, tienen la certeza y la seguridad de que sus maridos son bisexuales o gays y a ellas no les gusta que sus maridos hagan esas cosas mientras sigan siendo sus maridos por que mientras los maridos sigan teniendo sexo a escondidas con otros hombres sus mujeres podrían empezar a perder el control total sobre sus maridos y los maridos podrían empezar a dejar de hacer caso a todo lo que les dijeran sus mujeres por tener los maridos su atención desviada hacia los hombres con los que tienen sexo en secreto.

-En algunos textos hay una frase que se repite varias veces que es "Si no hay talento no se puede hacer nada. De donde no hay no se puede sacar", va dirigido a algunos hombres que son cortos de mente o no dan más de si psicológicamente. Por qué hay algunos conceptos muy fáciles y simples de captar y entender y esos hombres no captan ninguno de esos conceptos.
-Explicación: Que hayan algunas mujeres con talento y algunos hombres sin talento (comparados los unos con los otros) es un dimorfismo sexual intelectual sobrevenido. Es un dimorfismo sexual que no es biológico, es artificial. Ejemplos de diformismo sexual biológico en animales: en los pavos macho y hembra, el pavo macho es más grande y tiene mucho colorido y los pavos hembra son mas pequeñas y tienen un colorido simple. En los faisanes, se repiten las mismas diferencias que en los pavos. También en arañas (la viuda negra hembra se come al macho después de la cópula y es más pequeño), sapos, peces, elefantes, chimpancés, ciervos, mantis religiosa (la hembra se come al macho después de la cópula y es más pequeño), etc... Algunos hombres y mujeres en un principio tienen la misma capacidad intelectual, de entender, razonar y pensar. Es dimorfismo sexual artificial sobrevenido por qué si con el paso del tiempo esos hombres no se adaptan a las circunstancias se van quedando estancados psicológicamente y conforme pasa el tiempo cada vez más estancados y en comparación con algunas de esas mujeres que no se quedan estancadas y lo llevan todo al día, esos hombres parecen que sean de una raza de inferior.

-Existe alguna posibilidad de que si fuera dimorfismo sexual biologico (dimorfismo sexual defectuoso) de como si no hieran desarrollado correctamente el cerebro estando en el feto de su madre cuando estaban embarazadas de ellos por el simple hecho de ser hombres y que sólo afectará a algunos hombres. De momento no hay ninguna prueba científica de que quede comprobado de que así sea o por lo menos no se ha publicado nada por qué sería un escándalo si así fuera y se publicara.

Aunque no hubieran desarrollado del todo el cerebro no seria esa la causa del todo porque para entender eso tan básico no hace falta desarrollar mucho, parece que son ellos mismos que por alguna causa están bloqueados y no lo terminan de entender.

-El dimorfismo sexual biológico en algunos casos según la especie de animal favorece más al sexo femenino y otros casos favorece más al sexo masculino y en otros casos son dimorfismos diferentes sin mejorar o empeorar las características del animal.

-No es que algunos de estos hombres tengan o no tengan talento para darse cuenta de las cosas, hay algunos hombres que si tienen talento y se dan cuenta de las cosas y son indecisos y tienen algun fallo o varios fallos (algunas personas a lo mejor pueden tener algún fallo alguna vez) y hacen cosas equivocadas con la intención de encajar con lo que supuestamente se debe de hacer para encajar con la mayoría y se les trastornan todas las cosas cosas en general por qué estan influidos por las costumbres típicas de la mayoría, ejemplos: lo típico que un hombre y una mujer tienen que ser pareja y casarse (en vez de si el es gay irse con un hombre), lo típico que el hombre es quien debe de ganar el dinero en un matrimonio de mujer y hombre y que la mujer tiene la obligación de no trabajar y solo hacer tareas de casa, lo típico que el hombre es el fuerte y la mujer la débil, lo típico de que en la casa es la mujer quien hace la comida, limpia y lava la ropa, etc… (y el tiene la obligación de no hacer nada en casa y quedarse con los brazos cruzados mirando).

-Estos hombres que son unos pocos que si tienen talento pero que se les enredan las cosas, de cara a los demas por los malos resultados que tienen se les ve exactamente igual como los que no tienen talento pero antes o después puede ser que algunos se terminan dando cuenta de lo que pasa y se solucionan la cuestión. Quién tiene talento o no tiene talento a la mayoria por fuera físicamente no se le nota nada y tratando con esa persona es difícil saberlo y pueden haber confusiones, hay que ver los resultados para estar seguro. Los que no tienen talento algunos saben que hay algo raro en ellos y automáticamente se creen superiores a los demas (cada uno es como es y no es mejor ni peor ni hace falta tener más talento o menos talento pero suelen ser ellos mismos los que enredan el enredo) y consciente o inconscientemente hacen muchos enredos confusos malignos en general a consciencia hacia los demas que a veces es imposible descubrirlos de ninguna manera de lo bien que lo hacen hasta que no se ve el resultado final.

-Nota: las supuestas causas de por qué unos de san cuenta de unas cosas y otros no se dan cuenta de esas mismas cosas son teorías mías. Yo a día de hoy sí que me doy cuenta de algunas cosas, a lo mejor dentro de un tiempo por cualquier causa o circunstancia podría ser que dejara de darme cuenta de esas cosas. Tampoco sé por qué si me doy cuenta de esas cosas, puede ser por qué si sin más, por varias casualidades a la misma vez, por varias circunstancias a la misma vez, etc… Desde siempre me he dado cuenta de las mismas cosas (no lo elijo yo voluntariamente, es aleatorio), puede ser que con el tiempo tenga más consciencia en algunas de esas cosas o me haya dado cuenta de más cosas nuevas o que tenga menos consciencia en alguna de esas cosas o que haya dejado de darme cuenta de algunas de esas cosas, sea como sea mi intención siempre es seguir manteniendo las cosas de las que me doy cuenta y mejorarlas en lo posible y seguir dandome cuenta de más cosas nuevas si es que las hay.

-¿Como tengo la seguridad de decir en las descripciones que escribo mis teorías sobre algunos hombres y la homosexualidad? Con comprobaciones que hago sobre cosas de alrededor en general y viendo que con el paso del tiempo las comprobaciones siguen teniendo los mismos resultados. Más que teorias como las que estan en los textos no voy a escrivir, por ejemplo: de como he llegado a esas conclusiones, que comprobaciones he hecho etc... por qué si no se podría volver encontra mía lo que dijera y me podría buscar problemas problemas raros (*). Y aún así es arriesgado lo que está escrito. Cada cual que quiera entender las cosas que haga sus propias comprobaciones con sus propias teorías.
(*)Problemas raros como, ejemplos: problemas psicológicos raros para mí, pérdidas de tiempo absurdas para mi, problemas raros con algunos que se dén por aludidos, con algunos que se vean identificados, con algunos que puedan tener coincidencias con las mismas comprobaciones que yo hago, con algunos que puedan ver poco éticas mis comprobaciones, con algunos que se pueda sentir ofendidos, con algunos que podrían llegar a creer que estoy faltando el respeto a otras personas con mis comprobaciones, etc…
*Las pocas cosas que se escapan a las comprobaciones y no tienen un resultado claro se terminan sabiendo de manera indirecta por los espacios de tiempos que marcan estos hombres y por los vacíos de conceptos de estos hombres cuando se expresan. Para terminar de saber lo que es a estas dos cosas se les aplica la eliminación de probabilidades ya se sabe lo que es exactamente.
-Mis teorías y comprobaciones homosexuales son personales y solo me sirven para mí y puede ser que también algunas de mis teorías y comprobaciones

homosexuales coincidan con las mismas que puedan tener otros hombres o muy parecidas casi iguales. No tendría inconveniente en decir todas mis teorías y comprobaciones homosexuales en los textos pero podría tener varios tipos de problemas y uno de esos posibles problemas sería que hubiera algún hombre intentando asegurar algunas de sus propias teorías y comprobaciones homosexuales y que fueran algunas las mismas que las mías o casi iguales y que este hombre hubiera empleado mucho tiempo y esfuerzo sin resultados y estuviera psicológicamente angustiado con inseguridades que le inquietan atormentan y perturban y para este hombre quedar aliviado podría existir el riesgo de una hipotética remota posibilidad de que yo pudiera ser presionado con insistencias por este hombre para que le dijera o le hiciera entender de alguna manera el resultado final de algunas de las teorías y comprobaciones homosexuales en las que coincidimos los dos y en las que él por sí mismo no sabe entender o se encuentra perdido/desorientado en ese sentido. En su momento yo también hice el esfuerzo y le dediqué tiempo a mis teorías y comprobaciones homosexuales personales. Para que no haya riesgos solo escribo en los textos las cosas más típicas de sentido común.

-Algunos hombres me dicen: "te hemos pillado te has delatado tu solo con las cosas de homosexuales masculinas que has escrito sabemos cuál es tu forma de pensar y mucha gente también lo ha leído en los textos y con el tiempo tendrás problemas que no sabrás por dónde te vendrán por qué algunos van a ir a por ti". Los que se delatan son ellos mismos por decirme eso por qué si yo he escrito eso sí que es verdad que es una parte de como yo entiendo algunas cosas, eso no quiere decir que yo entienda todas las cosas de esa forma y también ellos mismos con eso que me dicen me están dando a entender que si es posible que se pudieran entender todas las cosas aplicando lógicas homosexuales masculinas a todo, por poder ser podría ser como cualquier otra cosa pero no creo que sirva de mucho adaptar todas las cosas a lógicas homosexuales masculinas para intentar poder entenderlas mejor. Y si ellos han leído los textos y han entendido lo que se dice en los textos y se han decidido a decirme eso que me dicen eso querría decir según la lógica de ellos mismos que puede ser que sean gays o bisexuales por qué si no no habrían entendido nada de lo que hubieran leído ni se habrían decidido a decirme nada.

-Algunos hombres heterosexuales se me dirigen para hablar para insinuarme que si me pueden hacer preguntas detalladas sobre las cuestiones homosexuales de los textos escritos por mi por que quieren adaptar esa lógica de esas preguntas a otras cuestiones no homosexuales personales de ellos para darles una solución y que pudiera ser que me pagaran por resolver sus dudas teóricas como si yo fuera un catálogo lógico de todas las posibles probabilidades de cosas homosexuales y no homosexuales que pudieran pasar como si lo que yo escribo fuera una parte de una sección del catálogo de una tienda, como si yo fuera un psicólogo autodidacta (psicólogos o medio psicólogos autodidactas hay muchas personas sobre muchos temas diferentes). Algunos hombres están confundidos y se creen que todas las cosas que existen funcionan como una tienda y que a cambio de unas monedas metálicas o unos billetes de papel se llevan unos objetos materiales o les hacen un servicio y que todas las cosas que necesitan se consiguen mediante ese sistema. Es verdad que una parte del sistema social de funcionamiento son tiendas que a cambio de unas monedas metálicas o unos billetes de papel se llevan unos objetos materiales o les hacen un servicio pero solo es eso, no hay que confundirse ni ser un ignorante por qué el único perjudicado son ellos mismos.
-Es sospechoso que sean todas las veces hombres

heterosexuales y se me dirijan como si yo fuera una tienda psicologica de trucos de verdades y trucos de realidades creo que lo que pasa es que estos hombres son gays o bisexuales y quieren encontrar una forma, fórmula o clave lógica de palabras o ideas para poder reprimir o esconder su homosexualidad y a la misma vez solucionar sus problemas de pareja con sus novias (si es que tiene novia en ese momento).

-Yo pasé una etapa sin hacer retrasos con sus inconvenientes incluidos como miedos o panicos personales y cuanto antes pasara la etapa mejor, de comprobaciones de sexo gay donde se descubren cosas nuevas necesarias para tener un equilibrio psicológico desde los 16 años siendo adolescente y de forma disimulada para que se enterara el menor número posible de personas, cuanto antes se empiece esa etapa mejor (tuve mi etapa de inicio sexual gay de descubrimientos y por eso seguramente tengo la seguridad personal que tengo ahora y pasó lo que pasó por que tuvo que pasar por que así tenia que ser y así fue, no se si eso es mejor o peor que pasara cómo pasó, pero pasó cómo pasó por que de alguna manera tenía que ser)

no sé como estos hombres con tanta edad y que se han atrevido a hacer tantas cosas de manera insegura durante tanto tiempo e involucrando a otras personas y ahora con retraso de forma tan tardía se ponen a hacer estas comprobaciones ¿que han estado haciendo durante tantos años durante toda su adolescencia, juventud y madurez? ahora que ya está toda la suerte echada y ya casi no hay oportunidades de hacer casi nada con esas edades. El sistema de funcionamiento de estos hombres parece ser que ha sido el de creersen siempre espabilados y más listos que nadie e ir de creídos y orgullosos y ahora de repente de un día para otro ese sistema ya no les funciona para nada y necesitan rápidamente una salida o si no probablemente puedan enfermar gravemente psicológicamente. Sea cual sea la causa de por la que hacen eso estos hombres hay que respetar hasta el último momento, después a cada uno se le hará lo que le corresponda ni más ni menos. Los únicos que saben cual es la causa exacta por la que están pasando esa etapa ahora son ellos mismos. Puede ser que la causa más probable que es la que digo en el texto que es que han ido de creídos y orgullosos por qué no dan más de sí psicológicamente (si no hay talento no se puede hacer nada, de donde no hay no se puede sacar) que es la causa que más se repite una vez que se saben las circunstancias, puede ser por qué por algún miedo personal que no se han atrevido hasta ahora, puede ser por algún problema de salud que les a impedido hacerlo hasta ahora, puede ser por circunstancias familiares que les a impedido hacerlo hasta ahora, etc…

-Estoy fuera del armario desde hace 20 años aproximadamente y tambíen he salido por sitios de hambiente gay en ese tiempo por varias partes de España y alguna vez fuera de España y muchos me conocen desde entonces y saben que soy gay, saben que soy gay en la comunidad gay y fuera de la comunidad gay. Me pasa algunas veces que en sitios normales de la calle, de diario, sitios cotidianos, etc... que hay muchos hombres heterosexuales falsos fingidos que saben que ellos son bisexuales o gay y llega un momento en que ya no saben cómo sobrellevar y esconder su mentira sobre su condición sexual real pero en ningún momento quieren decir la verdad sobre su condición sexual de ser bisexual o gay y se atascan psicológicamente y enferman por que quieren volver a encontrar una forma de seguir con su mentira sobre su orientación sexual falsa de heterosexual y estos hombres me conocen desde hace tiempo mucho antes de su atascamiento psicológico o me conocen de hace poco y saben que soy gay, pero de forma directa me conocen poco por que no hay ninguna confianza de nada solo de que he hablado alguna vez casual con ellos o me

conocen de vista y como saben que soy gay algunas veces cuando me ven me hacen gestos cómplices y dicen comentarios como diciendo "a mí ahora me está pasando una cosa que no entiendo que es algo parecido a ser gay como tu, lo que pasa es que yo no soy gay y tú si eres gay verdadero" y cada vez que me ven están agradecidos de ver que hay alguien que es gay y no se sienten solos hasta que pasen la mala temporada de confusión sexual, pero que según ellos el problema real lo tengo yo que soy gay de forma permanente y que ellos solo están en una etapa pasajera confusa que tienen que pasar y que antes o después la pasarán por que ellos son heterosexuales reales y su virilidad masculina es lo más importante que hay y su sexualidad no la pone nadie en duda, pero que de momento estos hombres al verme les caigo muy bien mejor de lo que normalmente por qué están sacando un beneficio de mi. Estos hombres supuestamente lo pasan mal o muy mal con depresión por esta cuestión que al final son ellos mismos que se niegan a aceptar que son bisexuales o gays y se empeñan en que si o sí son y tienen que ser siempre heterosexuales, al final de todo son ellos mismos los que deciden gastar su tiempo en aparentar que están enfermos como si fuera real y preocupando a sus familiares y gente cercana (hay mucha gente que no es tonta y se sabe perfectamente todo lo que está pasando con este tipo hombres y todo el teatro que están fingiendo pero simplemente hay que seguirles la corriente y darles la razon). A mi cuando este tipo de hombres me hacen esos gestos y comentarios por esa cuestión de todas las cosas que están pasandoles yo no hago ni digo nada, lo entiendo perfectamente, ellos que se expresen y que hagan lo que quieran sin molestarme. Y si se recuperan del todo me parece bien. Ahora al haber escrito los textos de homosexualidad y que muchos de estos hombres los han leído y por mi
se han dado cuenta de que es normal lo que les pasa (aparte de la exageración que le ponen ellos mismos de

que su heterosexualidad es lo más importante que hay) y que al ser una cosa escrita por una persona y publicada también se dan cuenta de que eso mismo que les pasa a ellos les tiene que pasar a otros hombres y que no son los únicos. Estos hombres al descubrir estas cosas con los textos de homosexualidad que he escrito en vez de pasar de mi o poder estar agradecidos hacen justo exactamente lo contrario de lo que se supone que alguien tiene que hacer por estar agradecido por algo, ahora cuando me ven se me ponen creídos, desafiantes y agresivos y me dicen "que tonto que era yo antes con lo que has escrito me has abierto los ojos y me estoy dando cuenta de muchas cosas ten cuidado conmigo que podrías tener problemas seguro que has notado algunas veces que me pasaba algo cuando hacía esos gestos delante tuya y decía los comentarios".
-Parece que el truco que tienen en común estos hombres para ser heterosexuales al maximo permanentemente es tener un secreto dividido en dos partes:
A) Acersen los ignorantes de todo lo que puedan al máximo y que mientras alguien no les obligue a ser de otra sexualidad diferente ellos son heterosexuales.
B) Acersen los ignorantes de todo lo que puedan al máximo y que mientras alguien no descubra este secreto ellos son heterosxuales.
-Con la cuestión de algunos hombres heterosexuales que se niegan a nisiquiera pensar que podrían llegar a ser gays hay un supuesto problema social grave, pero como al final son ellos mismos todo no pasa nada. Son varios los hombres heterosexuales que están reaccionando conmigo así por los textos homosexuales, pero al final no pasa nada por qué yo no les hago caso y termina quedando la cuestión nada, como si nunca hubiera pasado nada. Si por mí fuera y por estos mismos hombres no hubiera escrito nunca nada por que ellos mismos me podrían buscar problemas al creersen ellos mismos que yo he descubierto sus secretos personales más intimos. Estas cosas si no

pasaran no se imaginaria uno nunca como reaccionan estos hombres, se les ayuda y cuando se notan mínimamente bien atacan a quien les ayuda justo al reves, el mundo al revés (que los aguanten su padre, su madre, sus novias, sus mujeres o en un centro de discapacitados).
-Cuando estos hombres pasan el bache psicológico de su supuesta confusión sexual homosexual se creen que se recombierten en hombres heterosexuales renovados y más heterosexuales que antes y ahora se creen más listos y que quieren más y de mejor manera y mucho mejor que antes a sus mujeres, familiares y a todo el mundo y a todas las cosas. Si estos hombres han llegado a este punto ya están en bucle es difícil que no se repita dentro de unos años otra vez el supuesto bache psicológico de confusión sexual homosexual pero en el siguiente supuesto bache psicológico sexual homosexual es bastante probable que ya no lo medio superen y sucumban en una depresión silenciosa incomprendida por nadie que ellos mismos se crean (hay un vacío ético de que en las cuestiones sexuales nadie puede decidir nada de nadie en ningún sentido ni siquiera para ayudar, al final son ellos mismos los que toman todas las decisiones de su propia sexualidad), se imaginan que cuanto más se perjudiquen a ellos mismos mas heterosexuales serán, ejemplos: cuanto más problemas creen, cuanto más se droguen, cuanto más escándalo monten, cuanto más depresión cojan, cuanto más perjudique a su novia, cuanto más absurdos sean, cuanto más molesten, etc… y al final por defecto es cuanto más a lo mejor pudieran morir (cuando a lo mejor pudieran haber muerto por causa de ellos mismos ya se habrá terminado todo por qué ya no hay más nada y quedará confirmado que han sido hasta el último momento heterosexuales al máximo todo lo que han podido hasta el final), todo decidido por ellos mismos.
-Puede ser que algunos de estos hombres por suerte han encontrado y leído mis textos homosexuales y se han

beneficiado de lo que dicen algunos textos y han podido salir del primer bache psicológico y también se han podido beneficiar sus familiares por verlo a él bien de salud durante un tiempo más.

En este tipo de hombres normalmente son 2 baches psicológicos sexuales homosexuales, el primer bache es cuando se topan con su propia ignorancia y en el segundo bache es cuando se vuelven dependientes de otras personas y ya no tienen ni sexualidad, ni ignorancia, ni voluntad, ni nada. Lo único que mantienen intacto en los 2 baches psicológicos todo el tiempo todo lo que pueden al maximo es que son heterosexuales.

-Yo podría haber sido uno de esos hombres de los que estan en los ejemplos de los textos que escribo pero por suerte en el sentido sexual de las cosas a mi me han salido las cosas bien, siempre he sabido lo que he querido desde el primer momento. Escribo en los textos los supuestos ejemplos de otros hombres que fingen ser heterosexuales como yo creo que son las cosas que pasan vistas desde fuera, a mí no me ha contado nadie nada en primera persona.

-Antes de escribir los textos homosexuales algunos de estos hombres que algunas veces se apoyaban en mi psicológicamente de alguna manera cuando me veían (yo no hacia nada contrario a los gestos que ellos me hacían, ellos me hacían algún gesto disimulado sin sentido aparente, ahora con los textos escritos se creen que yo sé sus secretos) pasado un tiempo desistian de creer que yo tenía nada ver con lo que les pasaba a ellos relacionado con la homosexualidad y aceptaban que iban a mejorar o empeorar en sus depresiones sexuales o cambiavan de forma de sobrellevar su supuesta depresión sexual y hacian como que se olvidaban de mí y que yo me perdía en la nada como si nunca me hubiera enterado de nada. No tiene lógica, para estos hombres todos los demás están en la misma realidad y se enteran de todo pero para lo que a ellos les conviene algunos desconocidos se

tienen que dar cuenta de lo que a ellos les interesa y también estos desconocidos tienen que adivinar/acertar/descubrir lo que es.
-A mi me da igual y ni me preocupa que los textos homosexuales beneficien o dejen de beneficiar a nadie pero si se beneficia alguien de lo que dicen los textos me parece bien.
-Estos hombres no se dan cuenta que mientras me hacen esos gestos y comentarios cómplices sin sentido aparente (igual que me los hacen a mi tambien habrán otros hombres o los mismos hombres que le harán gestos y comentarios cómplices a otros hombres gay como yo) relacionados con la homosexualidad para quedarse ellos aliviados y desahogados y poder llevar bien su relación heterosexual pareja fingida con una mujer los años van pasando y yo estoy haciendo de soporte de ellos y de sus cosas psicológicas. Gestos y comentarios cómplices: ni un poco ni mucho ni bien hecho ni mal hecho, eso es hacerme a mi resposable de sus cosas. Este tipo de hombres lo tienen todo planeado para que no se les escape nada y muy de vez en cuando me hacen algo feo como de desprecio sin sentido para que haya variedad de todos gestos mezclados y yo nunca descubra su forma de hacer las cosas. Porque yo al ser hombre gay soy inferior y estoy equivocado y el al ser hombre heterosexual eso es lo correcto y verdadero porque está respaldado con la seguridad de que la mayoría de parejas están formadas por heterosexuales y sea como sea el nunca se va a equivocar. Las parejas mujer de estos hombres a veces sospechan que sus novios pueden estar haciendo alguna cosa de esas parecida o no sospechan nada pero lo que si saben con seguridad es hasta donde puede llegar la anormalidad profunda acumulada de su novio (anormalidad profunda acumulada en el buen sentido) y conforme pasa el tiempo más lo conocen a su novio y las cosas enredadas de gays que podría llegar a hacer.
-Ejemplo de la heterosexualidad masculina: si hay una

pareja heterosexual (hombre/mujer) y tienen algún hijo que mantener, que pagar la hipoteca de la casa al banco, pagar facturas, etc... y ella es ama de casa y el marido tiene que trabajar y se enferma psicológicamente y no puede ir a trabajar por lo de que él se cree muy heterosexual todo el tiempo la única persona de confianza cercana a él de poder decirle algo rápido directo y efectivo es su mujer, le diría por ejemplo: déjate de tonterías que estás perfecto de salud que lo único que tienes y que lo estás hechando todo a perder es tu obsesión enfermiza sin sentido de que te crees que tienes que ser más heterosexual cada día que pasa. También este hombre podría ir a un psicólogo especialista sexual para analizar si tiene dudas de su orientación sexual.

-Nota importante: ¡atención! ¡cuidado! ¡precaución! ¡peligro! ¡prevención! ¡disimular! ¡alarma! ¡discreción! la cuestión gay en algunos hombres que fingen ser heterosexuales es algo serío por qué tienen violencia y agresividad acumulada y para negarsen a creer que son bisexuales o gays se montan ellos mismos a lo grande películas imaginarias, castillos en el aire, imaginaciones ficticias, improbabilidades surrealistas, improbabilidades inverosímiles, etc... de explicaciones y excusas sin necesidad de nada que mejor no decirles nada, que vivan en su mundo y darles la razón todo el tiempo que solo con darles la razón y con un poco de suerte no llegan a hacer nunca nada en contra de nadie y que también casualmente (o no casualmente por qué una cosa puede ir unida a la otra cosa) a estos hombres parece que se les nota como que les falta un verano, les falta un hervor o tienen una tara como que psicológicamente hay algo que falla.
-Algunos de estos hombres crean enredos de personas, líos absurdos entre personas, problemas de todo tipo sin sentido, problemas graves sin sentido, hacen estafas, estafas piramidales, fraudes, se meten en cosas que no

deben de meterse y sabiendo que son ellos mismos los únicos perjudicados de todo cuando se descubra todo y hacen como que no se dan cuenta de nada y se creen que están haciendo lo correcto y que de esa manera van a dejar de ser homosexuales y se van a volver heterosexuales en algún momento gracias a todos los problemas que están creando y lo que sí que les pasa con todo lo que han hecho es que dejan de estar tranquilos y se vuelven estresados con todo tipo de problemas que tienen y que no saben por dónde empezar a arreglar los problemas y los destrozos que han creado ellos mismos y pueden terminar con problemas de deudas de dinero, de justicia y de cárcel.
-Si no hay talento no se puede hacer nada. De donde no hay no se puede sacar.

-Hay algunos hombres que fingen ser heterosexuales y son bisexuales o gays quieren tener una apariencian lo mas masculina posible para disimular lo mejor posible su orientación sexual real bisexual o gay y ellos mismos se delatan sin darse cuenta y se exceden de masculinidad en la forma de vestir y de comportarse, si ya algunos hombres de por sí mismos sin exagerar nada de manera normal ya son obsesivos al 100 por 100 con las cosas masculinas y el sexo, si se le añaden comportamientos exagerados masculinos ya se vuelven una cosa sobrecargada que dejan de ser personas normales y se convierten en una obsesión enfermiza con forma de hombre que no hay manera de poder dirigirse a ellos por qué no tienen un comportamiento normal racional. Y si aparte de añadirle comportamientos exagerados masculinos tambien se le añade obsesión por el sexo ya sobrepasan todas las normalidades y directamente pasan a ser enfermos pero ellos no se dan cuenta y se creen que cuanto más masculino mejor y no se dan cuenta de que no tiene sentido lo que hacen. Se convierten en hombres de personalidad masculina recargada como si fueran varios hombres concentrados en uno y no dejan espacio para tener su propia personalidad normal sin forzar las cosas.

-Algunos hombres que fingen ser heterosexuales pero son bisexuales o gays tienen estrés y ansiedad por estar reprimidos sexualmente por no estar fuera del armario y para aliviar su estrés y ansiedad fijan su atención por ejemplo en cosas materiales y algunos de esos hombres fijan su atención en el dinero y tienen obsesión por querer tener dinero guardado y cuanto más mejor y sin que lo necesiten guardar y pudiera ser que si tengan de gastar ese dinero en otras cosas necesarias y preferiblemente quieren tener ese dinero guardado en metálico en billetes y no en monedas ¿por que en metálico en billetes y no en monedas? por que algunas personas cuando están en algún conflicto personal de lo que sea están peleando y están haciendo un esfuerzo que no quisieran hacer pero tienen que hacerlo por qué no hay otra opción
para poder sobrellevar como se pueda su estrés y ansiedad por ser bisexuales o gays y poder seguir estando dentro del armario, esos hombres al estar todo el tiempo permanentemente en alerta personal esperando una solución a sus problemas de estrés y ansiedad son propensos a estar irritados y fácilmente se enfadan y mientras están en tension tienen la percepción de algunos sentidos más desarrollados de lo normal por estar en alerta permanente y el olfato es uno de esos sentidos y a veces huelen algunas cosas que les llaman la atención de forma inconsciente como por ejemplo los billetes de dinero y la sangre, la sangre es de color rojo puro por qué está compuesta por glóbulos rojos que están compuestos de óxido de hierro (por eso es color rojo la sangre) y algunos hombres saben a qué huele la sangre y tienen memorizada esa olor y no se les olvida esa olor y algunas veces reconocen esa olor y otras veces no reconocen esa olor por qué pueden estar confundidos, sangre de por

ejemplo: una herida que haya podido tener el mismo, una herida de su mascota, un animal de caza cazado o carne del supermercado para cortarla en trozos para cocinarla y ya sea el olor a sangre del mismo o el olor a sangre de un animal es casi lo mismo por qué la sangre roja de mamífero está compuesta al 99 porciento por los mismos componentes e insconscientemente esos hombres asocian el olor de la sangre al olor de los billetes de dinero y quieren tener, tocar y contar billetes de dinero en metálico por que desprenden un olor característico férreo muy parecido al olor de la sangre por qué los billetes de dinero están imprimidos con tintas de bases metálicas férricas y al final la sangre roja de mamífero y los billetes de dinero comparten un mismo compuesto químico que es óxido de hierro y huelen casi igual la sangre y los billetes de dinero y esos hombres como vía rápida a la solución de sus problemas asocian inconscientemente al dinero con sus problemas y la facilidad con la que el dinero alomejor puede resolver varios problemas a la misma vez y de forma rápida y uno de los problemas de esos hombres es su estrés y ansiedad por ser bisexual o gay y no poder salir del armario y su bisexualidad u homosexualidad.
-El tener retenido y guardado ese dinero y contarlo cuando les apetezca con el olor característico a dinero de un olor férrico parecido al de la sangre de mamífero es el desahogo que tienen esos hombres para tener controlado el estrés y la ansiedad por qué el olor o manchas de sangre de mamífero es una cosa ambigua que puede alarmar, alertar, relajar, alterar, confundir o indiferencia. El objetivo de ir acumulando dinero e ir contándolo cuando les apetezca es que cuanto más dinero acumulen podrán imaginar que compran cosas que impresionan cada vez más a los demás para que así nadie nunca pueda dudar de su sexualidad y nadie nunca pueda llegar a pensar que es bisexual o gay, posiblemente no lleguen a comprar nada nunca por qué nunca vean el momento exacto de comprar algo para impresionar a los demás y siempre

crean que esperar para acumular más dinero va a ser mejor.

-El olor férrico de la sangre puede hacer subir la adrenalina o bajar la adrenalina según de donde sea la sangre igual que el olor férrico

de los billetes de dinero mientras se están contando pueden hacer subir la adrenalina o bajar la adrenalina según lo que se quiera comprar y pueden hacer subir la adrenalina o bajar la adrenalina según la cantidad de dinero se halla contando.

-Las subidas y bajadas de adrenalina que tienen esos hombres al contar su dinero en billetes en efectivo son equiparables de igual forma y manera y la las subidas y bajadas de adrenalina que tienen esos hombres por el deseo de tener sexo con otro hombre.

-Ejemplos de olor férrea de sangre de mamifero:

-Alguien va andando por un bosque y un animal salvaje (oso, lobo, mono, gato) se le hecha encima para atacar y esta persona se defiende y en el forcejeo el animal podría hacerse alguna herida y podría haber algo de sangre del animal y olor a la sangre del animal, es satisfactorio por qué está persona se ha defendido y a podido al animal.

-Hay una rata en un almacén que esta mordiendolo todo y destrozandolo todo y el dueño del almacén mata a la rata con un palo de escoba y varias horas después el dueño del almacén va a recojer a la rata muerta y hay olor a sangre de la rata en el almacén, es satisfactorio por qué eso quiere decir qué la rata que estaba causando desperfectos ya está aniquilada.

-Un corte pequeño en un dedo de una persona que sangra un poco y se pone una tirita y después de un rato la tirita huele a sangre seca, no es satisfactorio, tendría que tener más cuidado porque no debería de haberse cortado.

-En un establecimiento de carnicería huele a sangre de carne cruda de animal y es satisfactorio por qué hay carne animal disponible para consumo humano.

-Alguien se explota un bulto o un grano en la piel que no

debería estar y sale un poco de sangre. Explotarse un bulto o un grano es algo satisfactorio porque si salen sustancias y un poco de sangre quiere decir que se ha limpiado lo que estaba perjudicando.
###
-Notas:
-Esos hombres con el dinero que guardan pero con menos con unas monedas o un billete minimo se pueden comprar preservativos y lubricante o sin comprar nada sin hacer gasto económico se pueden buscar a otro hombre para tener sexo.
-El óxido de hierro es un químico no es un tinte, también puede servir de tinte artificial, se puede utilizar para muchas cosas, el color rojo de la sangre si es por el oxido de hierro microscópico pero no es por qué la sangre este tintada, el óxido de hierro es una base para el tinte de los billetes de dinero para cualquier color que ayuda a fijar el color en el papel: rojo, verde, azul, amarillo, negro, etc… .
El óxido de hierro puro es rojizo oscuro, un polvo seco y microscópico y se puede mezclar con liquidos. En los colores imprimidos en los billetes de dinero no se nota el color rojizo del oxido de hierro por qué tienen poca cantidad microscópica de óxido de hierro y esta mezclado con el color del tinte del billete.
-Técnicamente el holor férrico de la sangre de mamífero no es por el hierro de los glóbulos rojos el olor férrico es por otra sustancia química metálica pero el olor es exactamente igual al olor férrico.
-Hay varias formas de variantes químicas de hierro en la sangre, es diferente el hierro del que están compuestos los glóbulos rojos al hierro que por ejemplo puede faltar en sangre en un análisis de sangre si no se comen alimentos con hierro. El hierro en forma quimica pura es el mismo.
-El óxido de hierro se puede utilizar como pigmento para dar color rojo a objetos, como fijador de otros colores en superficies porosas, para guardar música en las cintas de cassette de audio, en las cintas casete de video VHS (el

film de plástico enrollado de color marrón es óxido de hierro impregnado en una cinta transparente), guardar datos en disquetes magnéticos de PC, banda magnética de tarjetas de crédito, discos duros de platos magnéticos de PC, etc…

-En episodios de estrés y ansiedad permanente por alguna cuestión en concreto a algunos hombres se les desarrolla o agudiza el sentido del olfato y se pierde sentido de la audición y en algunas mujeres es al contrario se desarrolla o agudiza el sentido de la audición y se pierde sentido del olfato, después cuando el episodio permanente de estrés y ansiedad se pasa la percepción de los sentidos vuelve a la normalidad y todos los sentidos se perciben otra vez de manera equilibrada.

-De forma casual en la evolución igual que hay sangre roja por el oxido de hierro también existe la sangre azul por el oxido de cobre y la función del oxido de hierro y el oxido del cobre es la misma que es transportar oxígeno, podria haber sangre de más colores por el oxido de otros metales pero no todos los metales son buenos para transportar oxígeno. Ejemplo de sangre azul: cangrejo de herradura, pulpos, calamares, algunos escorpiones. Ejemplo de óxido de cobre: color azul de la Estatua de la Libertad de New York, originalmente tenía un color marrón dorado (cobre sin oxidar). El color de la sangre roja o sangre azul es por qué es un óxido químicamente perfecto y microscópico, es parecido pero no es el oxido atmosférico típico que aparece por corrosión en un metal. Según el tipo de metal el oxido tiene un color, todos los metales puros que existen aparecen en la tabla periódica de elementos, en total son 118 elementos.

-Las aleaciones de metales son artificiales no existen en la naturaleza, ejemplo de aleaciones de metales: acero (hiero y carbono), bronce (cobre y estaño).

-Algunos hombres fingen ser heterosexuales pero son bisexuales o gay y están reprimidos y para desahogarse

su frustración disimuladamente con la escusa de hacer deporte se ponen para vestir todo tipo de accesorios estrambóticos/psicodelicos multicolor metalizado cromado al reflejo que es el mismo efecto de reflejo de los colores del arcoiris mezclados metalizados, el mismo efecto de reflejo de luz en una pompa de agua con jabón y el mismo efecto de reflejo de luz que en una mancha del aceite sintetico de motor flotando en un charco de agua.
-Se visten recargados al máximo con estos accesorios y también con accesorios de plásticos color negro mate o brillante, estos plásticos negros suelen tener formas ilógicas o curvas ilogicas que parece que se vallan a romper y que en muchos casos no se sabe que es ese accesorio ni para que sirve. Ejemplos de accesorios estrambóticos/psicodelicos de brillo multicolor metalizado y de plásticos negros con formas: gafas de sol y gafas de sol de pantalla, auriculares, auriculares de boton, cascos de bicicleta, botellas de agua reutilizables de plastico, bolsos, riñoneras, muñequeras, pulsometros, relojes de pulsera, objetos ambiguos, etc…

-Si un hombre que finge ser heterosexual pero es bisexual o gay tiene la necesidad de tener sexo con otro hombre es recomendable por el bien de su salud psicológica que tenga sexo con otro hombre por que aunque intente reprimir sus ganas de sexo homosexual probablemente casi con seguridad no va a poder reprimir las ganas de tener sexo homosexual con otro hombre y casi con seguridad antes o despues podría enfermar psicológicamente e incluso podría autolesionarse por no saber cómo aliviarse la ansiedad por estar desesperado.
-En el caso de que fuera una mujer, sería justo al revés de lo que le pasa a algunos hombres, si esta mujer fingiera ser heterosexual pero fuera bisexual o lesbiana y tiene la necesidad de tener sexo con otra mujer no sería un problema grave para su salud psicológica que no tuviera sexo con otra mujer por qué si intenta reprimir sus ganas

de sexo homosexual con otra mujer fácilmente casi con seguridad dejaría de tener ganas de tener sexo con otra mujer y ya en otro momento sin prisa tendría sexo con una mujer sin ninguna repercusión para su salud.
-Algunos de estos hombres hacen comparaciones de comportamientos entre mujeres y hombres para intentar encontrar la forma de reprimir sus deseos sexuales homosexuales con otros hombres, en algunas cosas los comportamientos de algunos hombres y algunas mujeres si que son las mismas pero en el caso del sexo las comparaciones no funcionan, las mujeres y los hombres tienen fisonomías diferentes y hormonas diferentes y funcionan de formas diferentes.

-Algunos hombres que fingen ser heterosexuales pero son bisexuales o gays se creen que buscando una novia de otra ciudad, provincia o país y llendose a vivir con su novia a la ciudad, provincia o país de su novia y teniendo que conocer de nuevo a todo el mundo su homosexualidad va quedar neutralizada y podrá fingir perfectamente y sin ningún esfuerzo ser heterosexual por qué habrá empezado todo desde cero según él cree que tienen que ser las cosas sin tener fallos que lo induzcan a tener la necesidad de tener que hacer publicamente su bisexualidad u homosexualidad. Con la única excepción a tiener en cuenta fácil de hacer que es que cuando se vea acorralado en su forma de hacer las cosas o se quede sin argumentos él solo tiene que hacerse el despistado por unos momentos como que es de fuera, fingir ser extrangero, de otra ciudad, otra provincia u otro país y que por eso hay algunas cosas que (supuestamente) no termina de entender del todo.

-Algunos hombres que fingen ser heterosexuales pero son bisexuales o gays tienen algunas facciones de su cara masculinas acentuadas, la barbilla grande, los pómulos marcados, mucho pelo en la barba, mucho pelo en la

cabeza o la forma de la nariz y se hacen cortes de pelo de cabeza con formas, cortes de pelo de barba o se dejan las patillas perfiladas finas y largas o gruesas terminadas en punta cerca de la boca haciendo un efecto de hombre másculino verdadero acentuado exagerado aprovechando la excusa de que sus facciones de la cara son naturales y casuales y la suerte que tiene de encajar igual que los hombres heterosexuales y ellos solo se han hecho un acabado con un trabajo mínimo para dar el toque final de su apariencia y no se dan cuenta de que ellos mismos se están delatando con lo que se hacen aprovechando las facciones de su cara por que si hacen algun arreglo estético de pelo en su cara tendría que ser sin ningún efecto masculino exagerado con la excusa de que sus facciones son naturales por qué la culpa de la forma de sus facciones es de la casualidad, por qué si no son ni bisexuales ni gays no tendrían que darse cuenta de que haciendo lo que hacen tiene el efecto en el resultado final que buscan. En el caso de que se dieran cuenta de que algunas de sus facciones de la cara son exageradas y quisieran hacerse algún arreglo estético en la cara tendrían que hacer justo lo contrario y disimular al máximo sus facciones exageradas masculinas, porque algunos hombres de por sí mismos ya son sexo al 100 por 100 el dedicar tiempo y esfuerzo en exagerar las facciones masculinas solo lleva a al mensaje subliminal de estar buscando mas sexo y este hombre ya está saturado de enviar mensajes subliminales de todo sexo y eso es desperdiciar oportunidades comparado a que si disimulara intencionadamente sus facciones exageradas masculinas.
-El sexo es importante pero no todo es siempre todo el tiempo permanentemente estar buscando sexo.
-Nota: si algun hombre se hace un acabado estetico como los que están en el texto no quiere decir que sea bisexual o gay reprimido, ni heterosexual puede hacérselo por qué le da la gana sin más, sin que el acabado estetico tenga ningún mensaje sexual oculto.

-Algunas personas que se encargan de hacer la comida a otras personas algunas veces parece que se hayan equivocado conscientemente o inconscientemente y a la hora de hacer la comida y en pleno verano con calor hacen comida de invierno guisado de legumbres en olla expres rápida a presión para comer que no apetece comer con la temperatura de calor que hace y supuestamente debería de hacerse una comida de plato de verano que apetezca comer como una ensalada o verdura, pescado o carne a la plancha.

-Explicación posible: Es un ejemplo comparable a que en una olla exprés todo lo que hay dentro de la olla está caliente y a presión en comparación a que hay algunos hombres que fingen ser heterosexuales pero son bisexuales o gays y tienen las ideas homosexuales muy fijadas arraigadas incrustadas internamente a presión y recalentadas en secreto en su cabeza y eso aunque no lo digan en el comportamiento de esos hombres se nota por que hay vacíos en su personalidad y por eliminación se sabe lo que piensan. Y para la persona que hace esa comida de olla expres es un desahogo hacer esa comida por qué se ha podido expresar lo más cercanamente posible a lo que está cansada de tanto aguantar siempre lo mismo y sin poder decir nada con palabras.

-Nota: no se puede decir directamente con palabras por qué sería un impacto psicológico fuerte al escuchar esas palabras esos hombres que fingen ser heterosexuales pero son bisexuales o gays y podria haber problemas varios y/o todo lo que dijera esa persona sobre los bisexuales o gays encubiertos reprimidos se podría volver en contra de ella misma.

****

-Capítulo 2:

-Notas:

-Si uno está conforme con las cosas se capta la onda y se entienden los significados de las escenas. Es como un idioma de intuición universal. En general las cosas no están por estar ni se hacen por hacer.

-El simple hecho de ser gay y al no esconderlo hace pasar unos límites que hacen entender muchas cosas con claridad que al principio solo se intuyen. Si se quedan las intuiciones atascadas se atasca todo.

-Todas las descripciones y textos están escritos con conocimiento de causa, no son cosas que haya puesto por qué sí, ni por qué me las haya inventado en el mismo momento de escribirlas.

-En algunos textos se dice que algunos hombres pueden llevar pendientes de una manera, gafas de una manera, pantalones de una manera, el pelo largo de una manera y otras descripciones, lo que el texto quiere decir es que es según la forma del estilo de llevarlo, puede haber otros hombres que estéticamente sea lo mismo pero el motivo por el que lo llevan es otro, por imitar a alguien, por qué si sin más, por azahar, por una moda, etc…

-Los textos de descripciones de formas de estilos de algunos hombres son teorías, quien se de por aludido es cosa de él mismo. No hay intención de ofender a ningun hombre.

-En los textos se dice muchas veces la frase: "Hombres que fingen ser heterosexuales pero son bisexuales o gays". La frase quiere decir que son hombres que llevan en total secreto su bisexualidad u homosexualidad y que nunca se lo han dicho a nadie, están autofrustrandose y lo esconden por encima de todas las cosas y creen que haciendo las cosas que hacen en algún momento sin más se van a volver heterosexuales cien por cien.

-De vez en cuando algunos me dicen que mis redes sociales y lo que está escrito en los textos que me lo hace a mi otra persona o personas por que no puede ser que yo pueda o sepa hacer eso. Lo hago yo todo sin ayuda de nadie. Los textos no son copiados de ningún sitio.

-El tener mis redes sociales y tambièn escribir los textos de lo que sea, aparte de hacerlo por qué quiero sin más, aparte de expresarme y que tambièn alguien pueda verse identificado, las redes sociales tambièn tienen un sentido que sirven para descubrir cómo algunos se atreven a hacer conjunciones improbables
inverosímiles de inventos de cosas variopintas surrealistas ofensivas y de acusaciones denigrantes falsas sobre mi a partir de lo que hay en mis redes sociales que son cosas que no ofenden a nadie. Si no fuera por las redes sociales de ninguna otra manera se podría descubrir esos atrevimientos de invenciones denigrantes por parte de algunos.
¿Como me lo dicen?: algunos me lo dicen de forma directa con palabras y otros me lo dicen con comentarios y/o gestos y/o expresiones sin hablar directamente conmigo.
***Ejemplos:
-Ejemplo 1: En uno de los textos se dice que los animales de compañía dan compañía verdadera comparado con algunas personas que están bloqueadas y aportan poco o nada como personas. Lo que pasa es que hay mucha gente que me dicen que prefiero a los animales antes que a las personas y eso quiere decir que estoy enfermo y que las cosas me van mal y puedo ser peligroso y agresivo.
¿Como? ¿De donde han sacado eso? ¿Por que coinciden tantos? ¿Y eso quiere decir que las cosas me van mal? ¿Y eso quiere decir que estoy enfermo? ¿Y eso quiere decir que soy peligroso y agresivo?

-Ejemplo 2: Hay muchos chicos (solo chicos) adolescentes de entre aproximadamente 14 y 20 años heterosexuales (en principio supuestamente aparentemente son heterosexuales pero aún es pronto para saberlo con seguridad a simple vista) que se llevan impacto psicológico al verme en las fotos y vídeos desnudo teniendo sexo con hombres y después me ven en algún sitio vestido con ropa y me identifican y saben que yo soy ese y me dicen que por mi culpa ponen en duda la sexualidad de su padre y que por mi culpa han llegado a pensar que su padre podría llegar a ser bisexual o gay por qué han visto mis videos de sexo con hombres (y otros vídeos de sexo homosexuales de otros hombres) y que a lo mejor su padre no es tan hombre como ellos creían y que a lo mejor su padre no quiere tanto a su madre como ellos creían y que por eso seria posible que estos chicos adolescentes quisieran tener problemas conmigo por aberles hecho pensar esas cosas. No sé qué problemas podrían ser, de momento de todos estos chicos que me lo han dicho aún no ha habido ningún problema de nada con ninguno. Estos chicos parece ser que todas las veces recapacitan en el ultimo momento antes de crearme algún problema y se dan cuenta de que yo no tengo nada que ver el que ellos piensen esas cosas sobre su padre. Estos chicos hasta ahora estaban seguros de que a su padre le gustan solo las mujeres y mucho pero al ver mis videos de sexo con otros hombres (y otros vídeos de sexo homosexuales de otros hombres) tienen la duda de que eso puede no ser verdad del todo y que su padre pueda llegar a tener deseos homosexuales y querer llegar a tener sexo con un hombre y se llevan una decepción al descubrír que su padre puede ser que no sea tan heterosexual al 100 por 100 como ellos imaginaban.

-Una cosa que creía que a lo mejor me podía pasar y que si me pasaba iba a pasar poco, era que al empezar a hacer los vídeos de sexo con otros hombres y publicarlos en redes sociales alguien podía llegar a pensar que yo había decidido de un día para otro ser gay y hacer los vídeos de sexo por que me habia trastornado por alguna cuestión sexual. Soy gay fuera del armario desde los 16 años y desde siempre solo he tenido sexo con hombres. Lo que pasa es que muchos que saben que hago los vídeos creen lo que yo creía que no podía pasar y que si pasaba iba a pasar poco y solo unos pocos se toman los vídeos de sexo de manera normal desde el primer momento. Justo al revés de lo que creía que podía llegar a pasar cuando empecé a hacer los vídeos de sexo. Lo lógico y lo normal sería no creer que por hacer vídeos sexo sea algo de lo que halla que alarmarse y crear alboroto, el sexo es una cosa normal.

-Me pasa que algunos de vez en cuando que dicen que yo escribo los textos por qué hay una persona cercana a mi conocido por algunos como "curandero/a" que hasta el 2012 hacía 4 o 5 supuestos remedios caseros tradicionales populares clásicos que siempre han existido en todas partes y que nadie sabe si a ciencia cierta si funcionan o no funcionan, eran: el mal de ojo, el empacho en la barriga, el sol en la cabeza, las cañas en la cintura y alguno mas. Eso no es ser curandero/a, un curandero/a hace mas cosas, eso sería ser aficionado/a a curandero/a. Si alguien por saber hacer alguno de esos supuestos remedios esotéricos caseros ya fuera curandero entonces estaría España lleno de curanderos. En cualquier caso son cosas inocuas que no perjudican a la salud de nadie. Lo hacía a amigos y conocidos eso no era un negocio, ni era al público, ni eran clientes, ni había ningún beneficio económico. Mucha gente por todas partes hace lo mismo. Yo escribo los textos por qué quiero eso no tiene nada que ver con que yo me preocupe por nadie por qué si, ni por el beneficio de nadie por qué si, ni soy curandero psicológico de dudas homosexuales masculinas (esos comentarios me los dicen heterosexuales), ni entendedor de cuestiones de personas de oficio, ni voy a hacer continuidad de ningún supuesto oficio o algo parecido de curandero inexistente en ningún sentido y recién inventado por nadie, ni nada de las cosas sin sentido que me dicen con las que me asocian.

-Nota: los supuestos remedios de los supuestos males esotéricos de: el mal de ojo, el empacho en la barriga, el sol en la cabeza, las cañas en la cintura, etc... son según la técnica de como se hacen en España, en cada país se hacen de forma diferente que no tiene nada que ver la forma de hacerlo de un país a otro. Ej: India, España, sur América, África, Asia, Rusia, etc… depende del país en unos utilizan utensilios domésticos, otros plantas, otros hierbas secas, otros hacen sacrificios de animales, otros aromas, otros incienso, otros ejércitos físicos, otros hay que pintarse el cuerpo, otros hay que beber sangre de animal, etc… ,España es el más simple y rápido de todos solo se necesitan utensilios domesticos y 5 minutos.

Según el país hay nombres diferentes para decir lo mismo, alguien que hace cosas esotericas: brujo, hechicero, chamán, curandero, sanador, etc… .Ejemplos de cosas esotéricas: curanderos (los que hacen supuestos remedios tradicionales caseros), los videntes, los que hechan las cartas del tarot, los del horoscopo (tauro, piscis, libra etc...), los que leen la mano, los que hacen rituales en busca de suerte etc, los que preparan piedras naturales de amuletos para buscar o prevenir cosas, los de los astros (según la posición de los planetas y las estrellas ,puede afectar a las personas), etc…

-Lo esotérico es esotérico no tiene otro significado. Es una mezcla de psicología, antropología, costumbres, creencias y placebo (el placebo está demostrado científicamente que en algunos casos si funciona, es que si crees que algo puede funcionar si que puede funcionar por el simple hecho de creer que si puede funcionar). Lo esotérico no tiene nada que ver con la medicina.

-Yo soy gay y necesito estár con otros hombres gay. Puede haber hombres gay que finjan ser gay por qué les da la gana y como lo hacen tan bien queda como que son reales y nadie sospecha nada y todos le creen o que sean bisexuales y yo ninguna de esas dos cosas las voy a notar. En el momento de buscar a otros hombres gay por qué los necesito me preocupo en el momento y en el sitio lo justo y necesario en hacer las comprobaciones que crea que tengo que hacer de lo que sea por qué he encontrado lo que necesito y no pierdo tiempo en darle vueltas a las cosas, mi suerte es mia. A mi me da igual que los otros hombres puedan ser gay de verdad o fingido la cuestión es que mis necesidades quedan cubiertas. No me preocupo ni fuerzo nada ni a nadie para que hayan más hombres gays o dejen de haber hombres gays (solo me preocupo lo justo y necesario en lo que a mí me puede convenir). Si hay otros otros hombres gay como yo es por qué es casualidad y es casualidad que lo que yo necesito exactamente son otros hombres gay y es casualidad que esos otros hombres gay necesitan a otros hombres gay como yo. Cada uno que decida su propia orientación sexual como quiera y se gestione y se organice el mismo como sepa o como pueda.
-Los hombres gays son una gran minoría en numero comparados con los hombres heterosexuales y por eso hay mucha menos variedad de hombres, aún así mis necesidades homosexuales quedan cubiertas más que de sobra todas las veces que lo necesito (no solo en sexo, en todos los sentidos).

-Nota: cuando termine de escribir ya no edito más textos y se quedarán publicados sin modificar nada más, hasta que algún día no se cuándo quite la hoja de texto, si es que la quito, si por mí fuera no escribia nada (pero he notado que se necesita hacer para aportar en la causa) y menos poner algunos datos personales, he considerado que tenía que poner algunas cosas personales y así lo he hecho, los textos los he hecho con la intención de normalizar la homosexualidad y parece que está funcionando por qué me consta que hay varias personas en varios kilometros a la redonda que han leído los textos. También me llevo la recompensa personal de ser yo el que escribe los textos. Escribir los textos un trabajo que me ha gustado hacerlo y que ya está casi terminado. Los vídeos de sexo los hago sin que sea ninguna molestia por qué solo es sexo y no tienen diálogo (no hay que hablar nada) y como no tienen diálogo no hay nada de donde inventar otras personas para decir cosas falsas por qué lo que se vé es lo que es y no hay nada mas que sexo, pero con los textos me están diciendo de todo tipo invenciones falsas denigrantes y ofensivas hacia mi que se montan ellos mismos. Siempre es mejor no decir más de lo necesario por que pasan estas cosas de que algunos inventan, denigran y ofenden pero los textos los he hecho como una excepción por qué es de homosexualidad masculina y yo soy gay y me interesa (ni soy escritor ni quiero ser escritor ni voy a escribir nada nunca de ningún otro tema, se escribir bien con pocas faltas de ortografia). Ejemplos de cosas denigrantes y ofensivas que me dicen: ¿que significan esos textos? ¿por que escribes los textos? ¿estas trastornado por eso escribes los textos?, Se te ha ido la cabeza por eso escribes los textos, no sabes y ni te imaginas quién está leyendo tus textos que están a la espera de que digas algo amenazante para ir a por ti (¿por qué tengo que decir algo amenazante? ¿no se a quien querrán decir que podrían buscarme para algo?), el que escribas los textos es el preámbulo de que se está gestando algo de que estás perdiendo la cabeza y cuando pierdas del todo la cabeza le vas a hacer algo a alguien, que esescribo los textos por qué soy un personaje ridículo para llamar la atención, que los textos que escribo son una ofensa para los gays y un día me van a coger un grupo de hombres gay y me van a pegar, que estoy llamando demasiado la atención de mucha gente con los textos y eso no es bueno (eso no es denigrante ni una ofensa, es un buen consejo), que con los textos me estoy burlando de los hombres gay, que con los textos estoy insinuando que yo me creo que todos los hombres son gays y eso quiere decir que estoy perdiendo la cabeza (en ningún momento y en ningún texto está escrito que todos los hombres sean gays), que yo no soy un hombre gay verdadero y que deje de fingir por qué soy heterosexual lo que pasa que finjo ser gay por qué la droga que consumo me ha dejado tonto y finjo ser gay para tener una salida psicológica y no enfermar del todo psicológicamente y como último recurso finjo ser gay para tener una vida social pero que cuando los hombres gays verdaderos del colectivo se den cuenta de eso me van a pegar y voy a quedar igual o peor que si no hubiera fingido ser gay, que los textos son una ofensa para el colectivo gay masculino, !Cuidado! que es gay y se le nota poco y eso es por qué no es gay de verdad por qué si fuera gay de verdad sería afeminado y amanerado y eso quiere decir que en cualquier momento salta la chispa se le va a ir la cabeza y le va ha hacer algo a alguien, ¡Que nadie se preocupe! hay pruebas de todo, para cuando pase algo, muchos se han descargado y guardado todos los vídeos y redes sociales de este, hay algunos que para asegurar que estoy trastornado y que soy peligroso ponen como prueba una mezcla de lo que se dice que está escrito en todos los textos de la hoja y en qué no hay nada repetido en todos los textos y en que todos los textos dicen cosas nuevas y en la cantidad de espacio que ocupan los textos escritos (muchos folios digitales o imprimidos), que he querido hacerme algo conocido entre algunas personas sin que eso sirva de nada gracias a los textos a costa de burlarme del colectivo gay masculino, ya lo hemos pillado ya sabemos que truco utiliza como se quedó mal de la droga y a la misma vez está trastornado el truco que utiliza es que piensa como una mujer y así se libra por poco de que lo pillen de que no está bien y queda como que es medio

normal pero así vas a durar poco tiempo por que estás utilizando mucho esfuerzo para hacer eso de pensar como una mujer después será peor para ti que si no hubieras fingido estar normal, está medio trastornado que ya se ve con lo que está escribiendo es verdad y va a confundir la realidad de tanto estar escriviendolo todo y se va a terminar de trastornar y le va a hacer algo a alguien (hacer algo a alguien no sé qué quieren decir exactamente), en el perfil de Instagram de videos varios hay muchas publicaciones de perros raza Braco de Weimar de mediana estatura y de manchas blancas y negras y con lunares negros que si se adiestran sirven para recojer la caza de los cazadores y me dicen muchas personas que coinciden en decir lo mismo que eso quiere decir que yo voy a cazar a alguien para hacerle algo en contra de alguien o algo y de los perros Labradores que también hay muchas publicaciones no dicen nada por qué son perros tranquilos, que me he trastornado y estoy contando todas mis cosas privadas personales en los textos, que estoy creando una alarma social (si por decir cosas de sexo homosexuales se forma alarma social es por qué puede haber un problema social), que quien me he creído yo para referirme tantas veces repetidas a la homosexualidad masculina en los textos,
algunos me dicen del perfil de Instagram de videos varios que eso de cojer videos encontrados por internet para ponerlos en el perfil que es una manera vulgar que tengo de despreciar a las personas que salen en esas fotos y vídeos y puede ser que de todas las fotos y vídeos publicados en el perfil algunos de los protagonistas me reconozcan y aunque puedan ser de otros países pueden saber quién soy y sepan encontrarme y me voy a poder buscar problemas, etc…
-No sé si pudiera haber algo de alarma social entre algunas personas y no se si esa supuesta alarma social pudiera ser por lo que se dice en los textos o por quién ha escrito esos textos que soy yo o una mezcla de las dos

cosas.
Hay algunos/as que me agradecen los textos por qué se dicen cosas que les pasa a algunos hombres y podrian ayudar a alguien en la cuestión seria de la homosexualidad masculina.
-Algunos me dicen que estoy haciendo mucho daño con los textos de homosexualidad que
por mi culpa están habiendo discusiones de parejas de heterosexuales (hombre y mujer) por qué el novio de la pareja ha leído los textos y el novio es el que empieza la discusión con su novia y que tambien incluso que por mi culpa han podido haber separaciones de parejas. Eso es verdad por qué delante mía alguna vez han discutido parejas de heterosexuales desconocidos para mí y el novio le dice a la novia que como yo sé esas cosas que están escritas en los textos que son las mismas cosas que el novio está cansado de repetirselas a su novia para tratar el asunto y su novia siempre encuentra alguna manera de que se calle dándole a entender que si que sabe de lo que su novio le habla a su novia pero por algun motivo de conveniencia de la novia ella no quiere hablar nunca de esas cosas.
-Con los textos no se está haciendo daño a nadie si esta pareja discute es por qué ya estaban a punto de discutir y antes o después iban a discutir.
-No es que yo sea adivino ni nadie que conozca a estos chicos me haya contado lo que les pueda estar pasando lo que pasa es que al ser yo gay y fuera del armario y no esconderlo con el paso del tiempo estoy más desarrollado psicológicamente en ese sentido y por eso al ver lo que está pasando en ese momento de la discusión de los novios y haciendo una mezcla en general de todo lo que se está diciendo y haciendo puedo saber exactamente de qué va la cuestión sin equivocarme.

-Nota: todos los textos que dicen algo de homosexualidad tienen la misma forma de dirigirse que es siempre de forma anonima a algunos hombres que supuestamente son heterosexuales o que fingen serlo y que pueden ser bisexuales y que no están fuera del armario o gays y que no están fuera del armario y de las posibles típicas clásicas formas con que pueden ocultar su homosexualidad, en ningún texto en ningún momento se dice nada sobre comportamientos de hombres gays que están fuera del armario y que no lo ocultan. Yo no estoy haciendo de investigador de nadie las cosas que están escritas en los textos las saben muchas personas por qué son de sentido común y típicas clásicas de siempre que se repiten siempre.

-Algunos me dicen que me perjudica que haga los vídeos de sexo gay y los textos gay y que yo puedo ser gay perfectamente y ser discreto y no hacer ni los vídeos ni los textos por qué eso es llamar la atención y eso me perjudica. Yo no llamo la atención de nadie por qué no hago cosas para llamar la atención, tener sexo gay no es llamar la atencion y escribir mi opinion en textos no es llamar la atención, no ofendo a nadie ni hago provocaciones, si alguien cree que llamo la atención eso es de ser ignorantes. Ejemplos de cosas que si son llamar la atención: ¿Hacer vídeos de cocina despilfarrando comida, dinero y recursos, no es llamar la atención? (para estar alimentado no se necesita hacer esas cosas tan complejas con tanto ingrediente y tantos procesos de cocinado), ¿hacer vídeos de deportes de riesgo con peligro de lesiones y muerte no es llamar la atención? ¿hacer exhibiciones aéreas de aviones que vuelan a ras de suelo por encima de público con peligro de accidentes y muchas muertes no es llamar la atención? ¿Fumar tabaco no es llamar la atención? (y hacer gasto de dinero público en sanidad para los tratamientos de pulmón), ¿hacer reformas de obras innecesarias en casas y estancias solo por moda de decoración no es llamar la atención gastando recursos y materiales y contaminando

la atmósfera de CO2 ? (y ahora se tiene en cuenta lo del reciclaje del medio hambiente que aún es llamar más la atencion), ¿estar todos los días emborrachandosen en los bares no es llamar la atención?, ¿sociedad de consumismo extremo no es llamar la atención?, etc…
-No público por todas partes lo que hago solo está en 3 o 4 redes sociales quien lo quiera ver qué valla a redes sociales y quien no que no lo quiera ver qué no valla a redes sociales.
-En el caso de que si fuera llamar la atención no pasaría nada por qué solo son unos vídeos y unos textos inocuos que no afectan a nadie.
Al margen de que tenga o no tenga sentido lo que se dice en los textos en cualquier caso son cosas inofensivas que afectan a nadie y que yo creo que pueden tener ese significado. Ejemplos: alguien se puede vestir con una ropa de una forma, con unos accesorios de vestir de una forma, se comporta de una manera, habla de unos mismos temas siempre y aparenta tener una orientación sexual ambigua.

-¿Como sé que lo que escribo es algo nuevo y no está repetido en ningún otro texto de la hoja?. El texto que escribo se queda escrito y no lo vuelvo a leer nunca ni a repasar ni revisar, algunos textos a lo mejor los edito algún tiempo después para mejorar lo que dice para que se entienda mejor la descripción si cuando lo es criví recuerdo que no me gustó la manera en que quedó, para encontrar ese texto uso el buscador de palabras de las herramientas de la hoja de lexto y pongo una palabra clave que recuerde del texto y el buscador me lleva directamente al texto a editar. Algunas veces cuando voy a escribir un texto con algo nuevo tengo dudas de que ya pueda estar escrito anteriormente ese texto con ese concepto que quiero escribir en ese momento y ya no pueda escribirlo o que sean textos muy parecidos y si pueda escribir lo nuevo, aunque sean textos de

descripciones de cosas muy parecidas no son lo mismo,
son conceptos diferentes, para encontrar el texto que
tengo dudas si está o no está repetido utilizo el buscador
de palabras de las herramientas de la hoja de texto y
pongo una palabra clave que recuerde del texto y el
buscador me lleva directamente al texto. Algunas veces al
azahar pongo un texto cualquiera en pantalla para leerlo y
ver que se entiende bien lo que se dice.
-Si leyera todos los textos de la hoja que yo mismo escribo
me llevaría mucho tiempo y si lo leyera todo de seguido en
un corto espacio de tiempo (aunque tardara varios dias) se
me podrían mezclar las ideas de lo que quiero seguir
escribiendo y me bloquearía y tendría que dejar de escribir
un tiempo este texto (horas, días, semanas, meses o
años) hasta que se olvidara el lío de la mezcla. No tengo
pre apuntes lo escribo directamente. Algunas veces me
hago una nota digital recordatorio a parte de algo que
quiero escribir con la app Google Keeps y no quiero que
se me olvide.
Escribo con un lápiz con punta táctil en la pantalla del
teléfono.
-Tengo facilidad de escribir en el teclado del teléfono con
el bolígrafo táctil por que tengo precisión en los dedos por
saber cambiar componentes de electrónica en placas de
circuitos como condensadores y calculando los
microfaradios, resistencias y calculando los ohmios,
transistores NPN o PNP, potenciómetros, portafusibles,
utilizando el tester, utilizando el osciloscopio, diodos,
diodos de luces leds, puertas lógicas de chips integrados y
procesadores, etc... y por soldar cables de electrónica con
estaño y soldador eléctrico. Tengo hecho un curso FP
grado medio de electrónica incompleto y práctica casera
de reparación fácil o intento de reparación fácil de
electrodomésticos desde hace muchos años. El curso
incompleto que hice de FP de grado medio de electrónica
es insignificante no me aportó casi nada o nada (por el
poco tiempo de duración), todos los conocimientos y toda

la práctica que tengo de electrónica es por mi mismo autodidacta. Tengo olvidada la práctica de sustitución de componentes de circuitos desde hace muchos años.
-Cuando estén terminados del todo los textos que no tenga que añadir ningún texto nuevo ni editar ningún texto y la hoja no vaya a tener ninguna modificación mas, esperaré varios meses o algún un año para que se me olviden las posibles ideas de edición que tenía pensadas que podían ser posibles y leeré toda la hoja de seguido como si fuera un texto nuevo que lo veo por primera vez como si lo hubiera escrito otra persona para ver cómo ha quedadi escrito el resultado final definitivo y la impresión que me da de mi mismo de haberlo escrito yo, como he combinado la semántica (para expresar sin decir muchas palabras), la estructura de los párrafos (poner en contexto para hacer entender lo que se quiere decir), etc…
-Utilizo 3 cosas para escribir los textos: yo mismo, un teléfono y una conexión a internet.
-Las canciones cover, fotos y vídeos de sexo gay de mis perfiles solo las veo 3 veces
1) Cuando los grabo para comprobar en ese mismo momento que ha salido como quería por si tuviera que repetir escena.
2) Después al editarlas en el teléfono o el PC
3) Finalmente lo editado lo veo todo junto seguido para comprobar que el resultado final que se va a publicar está bien editado.
-Después lo público y no vuelvo a ver las fotos ni los vídeos nunca más a no ser que tenga que hacer alguna comprobación o edición de algo.

-Nota: pido perdón por poner algunas veces palabras violentas en elgunas descripciones y que después de pasados unos días las quito y las sustituyo por otras palabras que dicen algo parecido suave sin violencia pero en el momento de escribirlo no se que otra palabra poner.

-Algunos me dicen que tengo truco para hacer las cosas y que ya saben cuál es mi truco para ser gay y atreverme a hacer los vídeos de sexo, ejemplos de trucos que me dicen:

1)"El truco que tienes es que memorizas algunas palabras para contestar cuando creas que vas a tener algún problema de algo por ser gay".

2)"El truco que tienes es que tienes algo de dinero guardado para por si tienes algún problema intentas solucionar las cosas con dinero, pero el dinero no lo es todo, en esto el dinero funciona poco, ya te toparas y te estamparas con la fachada de cortina de humo que te has montado tu solo con el truco del dinero, los que sois como tú que no sabéis lo que hacéis siempre caeis vosotros mismos en vuestra misma trampa, después terminarás peor que si no hubieras utilizado el dinero".

3)"El truco que tienes es que lo haces todo a lo loco sin pensar nada y despues cuando pase el tiempo pasará lo que tenga que pasar y tendras problemas psicológicos o cualquier cosa desas".

4)"El truco es que no eres gay de verdad por qué no lo aparentas mucho físicamente y los vídeos y las fotos son para hacerte el orgulloso y el creído y cuando pase un tiempo te vas a salir de gay y vas a cambiar de sexualidad a heterosexual". (Soy gay desde los 16 años fuera del armario y tengo 37 años y solo he tenido sexo siempre con hombres, me parece que esa posibilidad es imposible, aúnque en teoría se puedan hacer todas las cosas).

-Nota: Yo no utilizo ningún truco de nada, mi forma de hacer las cosas a día de hoy es que lo llevo todo actualizado al día en todos los sentidos e intento no dejar nada para solucionarlo después, tener ganas de hacer las cosas no es ningún truco.

-Puede ser que halla alguien que crea que los textos los he escrito por qué estoy tramando algo, por llamar la atención, para hacerme el creído, el orgulloso, para

ofender a alguien, etc...
-Los textos están echos por qué quiero hacerlos sin más, para informar de manera altruista y por qué soy gay para aportar a la causa homosexual. Son textos claros que dicen las cosas claras que es verdad lo que se dice que no hay nada inventado y no hay que sospechar de nada. Porque igual que he escrito los textos en cualquier momento puedo quitar la hoja de texto pero de momento se va a quedar la hoja de texto publicada por tiempo indefinido.

-Algunos me dicen que me lo estoy inventando todo: que estoy enfermo pero que me estoy inventando que estoy bien, que me he quedado mal de las drogas pero que me estoy inventado que finjo que hago como que hago que estoy bien, que me estoy inventado que soy gay, que me estoy inventando lo que hago en las fotos y en los vídeos de sexo, que me estoy inventando los textos, que me estoy inventando todo. Es el colmo del colmo del colmo, como los que inventan tanto son algunos por eso solo me interesan hacer cosas relacionadas con homosexualidad masculina que es lo único que me compensa para poder aguantar las acusaciones, mentiras, disparates, inventos, etc…
-También me dicen que todas las cosas de mis redes sociales son una mezcla de mierda de un enfermo y el efecto del dinero por que de manera normal yo tendría que estar tonto de las drogas y no saber ni utilizar las redes sociales, que el contenido que público me delata que son cosas mezcladas y por eso es que gracias solo al dinero mis redes sociales les gustan a algunos no por mí mismo directamente (cuando se refieren al dinero no sé exactamente qué quieren decir puede ser que sea por los supuestos medicamentos que tendria que tomar por estar enfermo para estar medio bien y que esos supuestos medicamentos los pagaria el dinero o que pudieran ser otras personas las que me gestionan las redes sociales a

cambio de una membresía económica mensual).
-Cuando me dicen que todas mis redes sociales me las están haciendo y actualizando otras personas la mayoría de veces me dicen que son alguna mujer o varias mujeres ¿Por qué coinciden en decirme eso tantas personas? En ese caso tendría que ser supuestamente y preferiblemente que mis redes sociales me las estuvieran haciendo y actualizando hombres y aún con más causa siendo yo hombre y gay. No lo entiendo.
-Algunos me dicen que haber si alguien de alguna manera me pueden obligar a quitar mis redes sociales de fotos y vídeos de sexo gay por que yo solo soy un drogadicto con cuerpo de hombre que se ha hecho unas fotos desnudo y teniendo sexo con otros hombres y las he publicado por qué no tengo consciencia de lo que hago y se está creando escándalo entre algunas personas.
-Nunca he tomado ningún tipo de drogas. Alcohol alguna vez lo he tomado por compromiso pero casi nunca, por mí mismo no bebo nunca alcohol, puedo beber alcohol cuando quiera que me sienta bien en la digestión pero comparado con una persona que si bebe alcohol alguna vez, por ejemplo un baso de cerveza de 250 ml a mí me equivale a como si fuera 1 litro de cerveza por qué me afecta mucho el efecto del alcohol por no estar acostumbrado a beber nunca.

-Hay cosas que se quieren hacer en el mismo momento y por lo que sea no se pueden hacer en ese momento y pueden esperar y ya se harán en otro momento pero hay otras cosas que si que se tienen que hacer en ese momento que se quieren hacer y sin espera por qué son necesarias por qué si no uno podría enfermar, ejemplos: hay ganas de estar parado tomando el sol, hay ganas de andar por la calle para respirar aire fresco, hay ganas de acostarse un rato a dormir, hay ganas de descansar sin hacer nada, hay ganas de tener sexo con alguien, hay ganas de hablar con alguien, hay ganas de hacer deporte y estirar las piernas.

-Algunos me dicen que se está montando escándalo con lo que estoy escribiendo por qué el tema gay es un tema delicado que llama la atención de muchos hombres heterosexuales, bisexuales y gays y que si voy a escribir todas las probabilidades posibles de combinaciones de homosexualidad en hombres que figen ser heterosexuales y que como he sabido lo que ya he escrito que no es poco. Lo que yo he escrito lo he escrito haciendo una mezcla de cosas que de lo que ahora mismo de forma rápida me vienen ideas, de cosas que recuerdo por qué hago memoria y de etapas pasadas mías (sea lo que sea que este escrito son situaciones que no tienen identidad y son las mismas cosas típicas estandart clásicas de siempre). Desde los 16 años hasta los 37 son 21 años de experiencia siendo hombre gay. El mundo es mundo desde que es mundo, yo no he descubierto nada nuevo, las cosas que hay escritas ya existían de antes, aún me faltan cosas que descubrir mientras las siga necesitando descubrir. No soy investigador ni analizador psicológico sexual de nadie ni me voy a dedicar a serlo, cualquiera puede serlo quien quiera serlo que lo haga.
-Las cosas de hombres heterosexuales y gays que hay escritas en los textos son las mismas cosas de siempre que llevan pasándole a todos los hombres desde siempre en la historia, en las civilizaciones y mitologías antiguas griega, romana, egipcia, etc...
-El estar escribiendo los textos me está liando las cosas en todos los sentidos cuando termine de escribir los textos ya nunca más voy a escribir nada más para publicarlo. Esta es la primera y última vez que escribo textos para publicar, ha sido una excepción y lo estoy haciendo por ser textos de homosexualidad masculina. Terminaré de escribir estos textos cuando me quede sin ideas o cuando me canse.

-¿Cuál es mi manera o mi técnica para entender las cosas y tenerlo todo equilibrado psicológicamente y en todos los sentidos siendo gay (suponiendo que no hay imprevistos)? Igual que un hombre heterosexual pero en algunas cosas tengo que tener presente que soy gay y eso que tengo que tener presente es todo cosas de ética entre hombres y mujeres, de esa ética personal que yo entiendo como creo que son las cosas no puedo decir nada por qué seguramente se podría interpretar mal lo que escribiera porque cada persona entiende las cosas de una forma diferente, lo que si podría decir son cosas básicas típicas de las que no hay dudas, ejemplos: la mujer comparada con el hombre generalmente tiene menos fuerza física, la mujer comparada con el hombre generalmente es más lista (lista no quiere decir que se equivoque menos que el hombre), la mujer comparada con el hombre generalmente es mas expresiva y el hombre más introvertido, la mujer comparada con el hombre generalmente se maquilla la cara con cosméticos de colores y el hombre no, la mujer comparada con el hombre generalmente le gusta cambiar de estilo de ropa y el hombre le gusta llevar el mismo estilo de ropa siempre,
la mujer comparada con el hombre generalmente le gusta hacer recetas de cocina
y el hombre no, la mujer comparada con el hombre generalmente no le gusta hacer arreglos de bricolaje en casa y el hombre si.

-Antes desde hacía muchos años no entendía que si el colectivo LGTBIQ+ quería igualdad de condiciones con la heterosexualidad por qué los del colectivo LGTBIQ+ no lo mezclaban todo con los heterosexuales y por qué habia y hay sitios que son exclusivos solo para LGTBIQ+ como cruceros de barcos LGTBIQ+, establecimientos al público solo para LGTBIQ+, pueblos o ciudades
con mucha parte de la población es LGTBIQ+, residencias para mayores solo LGTBIQ+, en un principio parece que

todo eso es contrario a la normalidad y que el propio colectivo LGTBIQ+ se excluya y se perjudice asi mismo pero con el tiempo ya he entendido (aparte de que los colectivos LGTBIQ+ da igual que estén o no estén mezclados con los heterosexuales por qué al final cada uno hace lo que quiere) por qué a mí me ha pasado, si no no lo hubiera entendido, que uno va teniendo experiencias de todo tipo en general con heterosexuales y hay una norma que se cumple siempre y es que tarde o temprano, antes o después de una forma u otra forma se va teniendo trato con heterosexuales ignorantes y/o trastornados que desprecian, perjudican o no les gusta y van en contra de las cosas LGTBIQ+ por qué les da la gana sin más (ir en contra de LGTBIQ+ no es peor ni mejor cada uno hace lo que quiere) y con este tipo de personas casi nunca llegan ha haber problemas se queda en malos entendidos y estas personas casi siempre desaparecen en el olvido y quedan como un mal recuerdo y nunca más se vuelve a saber nada de ellos y en algunos casos si que se siguen teniendo noticias de ellos y las cosas les van mal (es una norma lógica que se cumple muchas veces es que a los heterosexuales que desprecian las cosas LGTBIQ+ a ellos personalmente las cosas les van mal) y los que son del colectivo LGTBIQ+ algunos no tienen esa ignorancia tan grave y profunda de despreciar a nadie por un gusto o una orientación sexual y el tiempo y los años van pasando y algunos del colectivo LGTBIQ+ siguen llevándose bien entre ellos sin peleas en comparación con algunos heterosexuales que tienen muchos problemas entre ellos y los LGTBIQ+ se han acostumbrado ha hacersen compañía unos con otros por llevarse bien entre ellos durante mucho tiempo y a la misma vez también son del colectivo LGTBIQ+ y al final de todo es casi lo mismo que LGTBIQ+ y heterosexuales estén mezclados pero uno que es LGTBIQ+ está un poco más comodo entre los que son LGTBIQ+ antes que estar mezclados con heterosexuales y sabiendo que muchos son unos problemáticos

constantes.
Entre algunos LGTBIQ+ hay una confianza más real y hay más seguridad personal y estabilidad psicológica comparado con algunos heterosexuales que están transtornados y alocados permanentemente. Una cosa no quita a otra cosa, en los colectivos, LGTBIQ+, heterosexual o colectivos de lo que sea siempre hay de todo mezclado como en todas partes: problemáticos, orgullosos, creídos, trastornados, etc…

****

-Autocrítica de este libro: Es un libro que capta el interés haciendo entender cosas cotidianas es diferente a una novela que sigue una trama con unos protagonistas que cuenta una historia que tiene un principio y un fin.

****

-Fin de libro.